CÓMO DIBUJAR
CÓMIC

CÓMO DIBUJAR
CÓMIC

Sandra Llanas
Jorge Mata

LIBSA

PUFF

© 2024, Editorial Libsa
C/ Puerto de Navacerrada, 88
28935 Móstoles (Madrid)
Tel. (34) 91 657 25 80
e-mail: libsa@libsa.es
www.libsa.es
Colaboración en textos: Camilo Otaku y Jorge Mata
Edición: equipo editorial LIBSA
Diseño de cubierta: equipo de diseño LIBSA
Maquetación: Diseño y Control Gráfico y equipo de maquetación LIBSA
Ilustraciones: Sandra Llanas y David Bermejo

ISBN: 978-84-662-4392-6

DL: M-8763-2024

Agradecimientos: Elena Parlange

CONTENIDO

INTRODUCCIÓN

La *historieta* en España, el *cómic* en Estados Unidos, la *bande dessinée* en Francia, el *fumetto* en Italia, los *muñequitos* en Colombia, *comiquitas* en Venezuela... Los nombres y los idiomas van variando para denominar al «noveno arte», el «arte secuencial», «la literatura dibujada»... Lo que a todos les une es que muchas de esas «historias dibujadas» se podrían entender sin necesidad de saber esos idiomas y a ellas se acercan todo tipo de lectores, aunque no conozcan la lengua en la que están escritas.

Buscando sus orígenes llegamos al término en inglés, *cómic*, que viene de *comedian*, que es comediante, el cómico, que busca provocar la risa. Así, el término original procede del inglés americano y, por tanto, podríamos presumir que el cómic como tal nació en Estados Unidos. Pero eso no está tan claro.

CÓDIGOS AZTECAS, MAYAS...

Si pensamos que sencillamente es una forma de juntar imágenes y algunos textos para su divulgación ya nos lo encontramos en la columna de Trajano, y todavía mucho antes en la cueva de Lascaux, en la Prehistoria, y no tan lejos en los códices precolombinos de los Aztecas, Mayas... O los mangas, o «dibujos caprichosos», de Katsushika Hokusai a principios del XIX... Hay muchos ejemplos, y por todo el mundo, así que algo más tiene que haber que diferencie estas expresiones de lo que conocemos como cómic. Algunos dicen que su comienzo coincide con el inicio de los medios de comunicación de masas y la publicación de las obras de esos primeros artistas.

Según esto, el cómic debe su fama a la difusión diaria de las tiras de la época, historias con las que se desayunaban los lectores, muchas de ellas sencillas, humorísticas, pero también llenas de crítica y de parodia. Los personajes, los protagonistas, podían vivir los acontecimientos de la época e incluso crear corrientes de opinión sobre temas de debate público, o sobre acontecimientos históricos. Sin embargo, los que más han triunfado se desarrollan en simples ambientes familiares, jugando con las diferencias generacionales para afrontar cualquier tipo de tema desde diversos puntos de vista.

Los primeros héroes eran de carne y hueso, luego llegaron los superhéroes con sus poderes y sus actitudes cívicas dirigidos a los jóvenes, siempre la lucha entre el bien y el mal... pero pasó el tiempo y los héroes ya no eran tan buenos, eran más humanos y no siempre triunfaban. Hoy en día hay protagonistas marginales, oscuros y góticos, de cualquier tipo... la temática es infinita.

Pero bueno, el caso es que hay quienes dicen que los orígenes hay que buscarlos en Europa, con autores como Busch, Topffer o el conocido ilustrador de grandes obras literarias Gustave Doré, y es ahí donde nos vamos a remontar al comienzo de esta reseña histórica.

UNA RESEÑA HISTÓRICA

A mediados del siglo XIX algunos ilustradores europeos, como Busch, Topffer o el mismísimo Doré utilizaban dibujos acompañados de una serie de textos explicativos o comentarios jocosos, dependiendo del género del autor y del tipo de publicación. Como ejemplo, las sátiras políticas publicadas por Doré en 1930 en la revista *La Caricature* dedicadas al recién coronado rey Luis Felipe I de Francia.

Pero seguía faltando algo por varias razones; primero, que normalmente utilizaban una sola viñeta para cada tema. Segundo, que algunas de las obras se basaban en personajes reales y no imaginarios como sucedió más adelante. Por otro lado, no había continuidad en los protagonistas de las historias. Y todo eso llegó y apareció, ahora sí, en Estados Unidos.

El título de referencia es *Yellow Kid*, el chico amarillo, creado por Richard Felton Outcault en 1894 y publicado en formato *cartoon* de una sola viñeta en el periódico *New York World,* para pasar en 1896 a ser una tira cómica propia en el *New York Journal*, dando así el disparo de salida a las tiras de publicación periódica en los diarios. Este chico, de ambientes marginados y sonrisa boba, cautivó

a los lectores del *Journal* durante dos años y evidenció la importancia de una buena tira cómica para elevar las ventas de los diarios.

Todo sucedía en plena guerra periodística entre los magnates de la prensa Joseph Pulitzer y William Randolph Hearst, dueños del *World* y del *Journal* respectivamente. El contexto de esta pelea tuvo lugar durante el comienzo de las hostilidades entre EE.UU. y España por la isla de Cuba, el nacimiento de lo que se llamó «periodismo amarillo» y la confirmación del enorme poder mediático de la prensa sensacionalista, y mucho más si se trataba de un emporio como el que fundó y dirigió W. R. Hearst hasta el año 29, coincidiendo con la primera gran depresión.

Los grandes diarios no dudan en mejorar la calidad de las páginas donde aparecen las tiras. Nacen los suplementos dominicales, con páginas enteras de una misma historia, consiguiendo acceder a un mayor aporte del ritmo en la narración, empezando a gestar lo que más tarde serían los famosos *cómic-books*.

THE YELLOW KID 1994.
Richard Felton Outcault.
NEW YORK JOURNAL.

A William Randolph Hearst no le gustó mucho la película *Ciudadano Kane*, que Orson Welles hizo sobre la vida de este magnate de la prensa.

Pero estábamos con ese chico medio burlón llamado «niño amarillo»... Hearst, decidido a ganar la batalla, encargó a Rudolph Dirks una historia basada en *Max und Moritz,* del alemán Wilhelm Busch, que fue publicada en un volumen en Estados Unidos en 1870. Le puso el nombre de *The Katzenjammer Kids* (*Katzenjammer* significa «los maullidos del gato»; traducido al español, nuestra «resaca» mañanera). El éxito fue inmediato. Algunos dicen que con estos niños y sus travesuras empieza realmente la adicción a los cómics. Ambientada en un lugar exótico, narra las travesuras de varios chicos, empeñados en desafiar a la autoridad, representada por el padre y la escuela obligatoria. Ya vemos que el ambiente familiar, el más cercano, es el contexto de muchas de las historias con mayor aceptación entre los lectores a lo largo de los años.

Little Nemo, de Winsor McCay, salió en 1892 y demostró que el poder de la imaginación era perfectamente combinable con sus ilustraciones. McCay fue pionero del lenguaje visual, antecesor del cine, y desarrolló un mundo presurrealista y onírico con combinaciones barrocas y modernistas. Contrasta con la simplicidad de *Krazy Kat* (1910), de George Herriman. Un gata ingenua y tierna enamorada de un ratón grosero y cínico, y un perro, Ofissa, que representa a la autoridad. Todos mezclados en una comedia poética de carácter preciosista.

En 1912, Rudolph Dirks pasó a trabajar con Pulitzer, tras unos pleitos por los

MAX UND MORITZ de Wilhelm Busch, que sirvió de inspiración para *The Katzenjammer Kids.*

derechos de *The Katzenjammer Kids*. Hearst consiguió los derechos sobre el nombre, pero Dirks podía realizar esos mismos personajes con otro nombre, y lo hizo; se llamó *Hans and Fritz*, una tercera generación sobre la misma idea. Estamos entrando en la llamada época dorada del cómic en Estados Unidos.

En 1913 apareció en el *American Journal*, *Educando a Papá* de George McManus, más conocida por nosotros por *Pancho y Ramona*. Trata de unos nuevos ricos, él empeñado en seguir su vida relajado, disfrutando, y ella buscando la proyección social de su nueva condición e intentando «pulir» a su marido. La pudimos ver en los diarios hasta el año 2000.

En España, la fecha de salida es el 17 de marzo de 1917, día de la publicación de la revista *TBO*, de tan gran acogida que ahora *TBO* (te-beo) es sinónimo de historieta. Dominó durante años el mercado español hasta la aparición de la revista *Pulgarcito* en 1923. Más tarde fue *Pinocho* la que lideró publicando *El Capitán Conetón y sus chicos Tin y Ton*, la versión española de *The Katzenjammer Kids*.

En 1929 aparece *Tarzán*, que en el fondo fue el antecesor de los superhéroes, y que coincide con la aparición en Europa de *Tintín*, del belga Georges Rémi, alias Hergé. Tintín, un extraño héroe sin poderes, un joven más o menos normal, fue un éxito sin precedentes; ya lo dijo Charles de Gaulle: «mi único rival a nivel internacional es *Tintín*». Hay quienes dicen que ya van más de doscientos millones largos de álbumes vendidos. Se ha convertido en un cómic venerado por generaciones, incluidos su perro *Milú*, y los detectives *Hernández y Fernández*. Estados Unidos conoce una gran depresión cuando Murat Bernard Young crea a *Blondie* en 1930, conocida en español por *Lorenzo y Pepita*.

Blondie representa la mediocridad y simpleza del hombre medio norteamericano, *Dagwood*, frente a la alegría y el optimismo de sus mujeres. Con un toque, aunque distinto, de *Educando a Papá*. El éxito fue total, los lectores escribían a Murat para influir en el guion, en pro de uno u otro personaje o tema. Lo que acontecía a la familia *Bumstead* podía incluso ser motivo de noticia en los rotativos de la época, encantados con estas manifestaciones de sensacionalismo popular espontáneo y gratuito.

KRAZY KAT 1910. George Herriman. KING FEATURES SYNDICATE.

juventud

EL MUSEO IMAGINARIO DE TINTÍN

do con la política belicista estadounidense, de la cual era partidario. Y *The Spirit* (1940), del maestro Will Eisner, una sencilla historia de detectives, magistralmente diseñada y producida.

En 1938 comienza *Superman*, el cómic de los cómics, el personaje que por su sencillez y contundencia en la lucha contra el mal sigue teniendo millones de adeptos repartidos por todos los rincones del planeta. Esta mina de oro fue creada por Jerry Siegel y los dibujos iniciales fueron de Joe Shuster. Marcó la llegada de los superhéroes al cómic, toda una saga de legendarios luchadores con poderes más o menos sobrenaturales y que solían defender a la población civil de los ataques de los «malos». Los guionistas lograron crear alrededor del protagonista unos «malos», con algunos poderes, que solían salir repetidamente en las entregas periódicas y podían incluso competir en popularidad con los propios superhéroes, como es el caso del *Joker*, de *Batman*, de Bob Kane. *Batman* hizo algo de sombra a *Superman*, y también otros como *Capitán América* o *Spiderman*, con gran tirada, pero jamás lograron eclipsar al rey de los superhéroes. El cómic de *Superman* sobrevivió al año 2000.

Mickey Mouse, el ratón de Walt Disney, irrumpió en 1930 con el poderío de un gran equipo de dibujantes, encabezado por Ub Iwerks, con Win Smith, y el guion del propio Disney. Le siguió otro éxito, el pato *Donald*, en 1934, de Ted Osborne y Al Taliaferro. Y siguió toda una saga familiar de personajes Disney que han conseguido exportar la imagen Made in USA al resto del planeta, pero eso sí, con humor y profesionalidad. El mundo idílico de Disney chocaba con la realidad en las calles de las grandes ciudades. Eran épocas de prohibiciones, de mafias y policías, y así nació *Dick Tracy*, en 1931. Un detective que encarna la guerra sucia contra las mafias que asolan el país. El autor, Chester Gould, tocaba la fibra sensible de los lectores mostrando claramente los efectos de los malhechores sobre sus víctimas.

Todo cambió con la llegada de la Segunda Guerra Mundial. Los cómics se pusieron serios y los protagonistas, desde policías y prohombres a superhéroes, todos se alistaban para combatir al enemigo. Los personajes salían victoriosos pero muchos quedaban tocados por sus experiencias. De esa época destacamos dos, *Terry y los piratas* (1934), de Milton Canniff, un buen ilustrador, aunque algo obsesiona-

Superman

Lucky Luke

Al final de la guerra el efecto fue el contrario; el público demanda historias más humanas, sociales y familiares, ya no quieren batallas victoriosas y la sociedad busca refugio de nuevo en lo cotidiano, el trabajo, las amistades, la familia, lo social... todo con un toque romántico. Claros ejemplos de esta tendencia fueron *El corazón de Julieta Jones* de Stan Drake y *El doctor Rex Morgan,* de Nicholas Dallis, en 1948.

El lejano Oeste siempre fue blanco de los guionistas. Nos trasladamos a Europa para encontrarnos en 1946 con uno de los más emblemáticos, *Lucky Luke,* de otro belga, Maurice de Bévère, alias Morris. Una visión humorística del viejo Oeste, parodiando sus leyendas y tradiciones, pero siempre de la mano de la historia, documentada, que constantemente atrajo a Morris. En Estados Unidos, sin embargo, eran más serios y clásicos y las historias se parecían más a las típicas películas de cowboys. Los buenos siempre ganaban.

Las cosas no iban tan bien en España. Inmediatamente después de la guerra, y en la posguerra debido a la censura, muchos ilustradores españoles se exiliaron y triunfaron

fuera de su país. Era la época de *El guerrero del antifaz* y de *Roberto Alcázar y Pedrín.*

Después, en los 50 y 60, y ya en clave de humor, destaca Francisco Ibáñez con sus conocidos *13 rue del Percebe, Pepe Gotera y Otilio* o *Mortadelo y Filemón,* una parodia del *Doctor Watson y Sherlock Holmes,* publicada por Bruguera, una de las editoriales más comprometidas en la difusión del cómic español.

La mezcla de humor y metafísica que necesita toda sociedad llegó de la mano de Charles Schulz, cuando en 1950 crea *Peanuts,* en español *Carlitos.* Fue la pionera de un estilo coronado por el argentino Joaquín Lavado «Quino», con su genial *Mafalda,* auténtico fenómeno de masas y diva del género femenino, generación tras generación. Una niña de fuertes convicciones, amiga del mundo, del medio ambiente y de la paz universal. Un ejemplo para todos de lo que significa relatividad.

En Francia ya se está gestando *Astérix el Galo,* con guion de René Goscinny y dibujos de Albert Uderzo.

Era 1959, y transcurre durante el nacimiento de los Estados en Europa. Pero el artista francés que más impacto ha tenido ha sido Moebius, o Jean Giraud, su verdadero nombre.

Él ha sido de los pocos que han adaptado su estilo a las necesidades del guion en obras como el *Teniente Blueberry* o *Harzak*. Ha demostrado dominar con creces la fantasía y la ciencia ficción y siente una especial atracción por todo aquello que lleve el nombre de *manga*.

Un *manga*, y de los mejores, surgió del espacio en 1963. *Astroboy*, de Osuma Tezuka, logró entrar en el hermético mercado estadounidense, pero no cosechó grandes éxitos por la interesada moral de algunos dirigentes conservado-res. Después llegaron *Heidi*, *Akira*, *Dragon Ball* y muchos más...; lo japonés sigue estando de moda en nuestros días. Ese mismo año se publica, en Inglaterra, *Modesty Blaise*, de Peter O'Donnell, que es el sueño de toda mujer; decidida, libre, disfrutando de los placeres a su antojo, la mujer liberada. Los dibujos de Jim Holliday marcaron estilo y muchas obras menores se inspiraron en ellos.

Como contrapunto a *Modesty*, *Corto Maltés* (1970) de Hugo Pratt, figura el ideal del hombre aventurero, sin jefes, y con amoríos allá por donde viaja. Pratt no fue el único italiano relevante; unos años antes Guido Crepax escribe *Neutron*, que daría paso a la sensual *Valentina*, del mismo autor. Lo erótico y lo descriptivo del lenguaje consiguen

Carlitos

Akira

Astroboy o Tetsuwan Aton

sus efectos en aquellos lectores que no quieren sobrepasar la barrera de lo prohibido.

Acabada la resaca de la guerra, entramos en los 60 y 70, con fuertes movimientos pacifistas, nuevos ritmos musicales, drogas, amor libre... La sociedad conservadora llora mientras Saigón se derrumba y cae en poder de las milicias comunistas.

Ya no está de moda lo bonito; llega lo *underground*, la música de los Beatles y de Led Zeppelin, y con ellos empieza a multiplicarse el número de géneros y de autores. Ahora, ya entrado el siglo XXI, cualquier temática o género puede ser objeto de un cómic.

Los grandes sindicatos, o editores, están dedicados a la publicación de grandes cantidades de material, como si el lector se tragara cualquier cosa.

A pesar de la televisión, los nuevos canales digitales de información e Internet propician la aparición de editores y autores independientes, mucho más preocupados por hacer historias de calidad que de poner su nombre en los principales diarios del mundo.

Este nuevo escenario sigue retando, lo mismo que hace más de cien años, a cualquiera que tenga una historia y se atreva a dibujarla para darle vida.

LA HISTORIA

Ya hemos llegado... En el fondo, lo que vamos a hacer es contar una historia. Si la historia es mala es muy probable que el resultado final sea un fracaso, ya sea en el cine, la televisión, la literatura o, claro, también en el cómic.

Es verdad que nos podemos encontrar con espectaculares cómics a nivel visual y narrativo que suplen con la calidad de la ilustración, el movimiento de los personajes creados, la gracia o la imaginación de los dibujos, la falta de una buena trama, pero si conseguimos que además de aprender a dibujar el cómic, podamos contar bien la historia, pues mejor que mejor.

Así que no viene nada mal darle a la sesera e imaginar mucho, pensar qué le interesa al lector, qué historias todavía no se han contado o de qué otra forma posible se pueden volver a contar, visualizar, ponerse a escribir y escribir, antes de empezar a coger el lápiz en serio, ya sea para dibujar o para empezar a abocetar. Todo el tiempo que dediquemos a trabajar en la planificación de nuestro proyecto supondrá un ahorro espectacular en el proceso de producción de la historia, desde la primera idea, hasta su publicación final. Cuando tienes clara la historia des-de el principio hasta el final, tienes claras las siguientes preguntas, qué vas a contar, cómo lo vas a contar, qué secuencias vas a escoger, qué ritmo vas a utilizar, quién va a ser el narrador, si va a estar en primera persona o no.

No olvides que todo está permitido si conseguimos que el lector entienda perfectamente lo que queremos contarle. También está la coherencia de la propia historia. Aunque sea de superhéroes o ciencia ficción, o policíaca, debería haber una lógica en los hechos. Tenemos imaginación, pero, cuidado, la mente del lector funciona con unos parámetros que no debemos sobrepasar ¿O sí? Eso ya entra en la metafísica del llamado «Arte Secuencial».

El cómic es una manifestación artística en constante evolución en las técnicas narrativas y, por eso, el lector es receptivo a las sorpresas y a los juegos existenciales, como vemos en este irónico ejemplo en *Spirit*. Uno de los personajes de la trama se da cuenta de que su destino ya estaba escrito en el mismo cómic que tiene en sus manos: la historia infinita.

DOCUMENTACIÓN

Y AMBIENTACIÓN

Cómic: BATMAN. Hogar, dulce h[...]
Autor: BOB KANE.
Guion: LISA LINK.
Dibujo: GUY DAVIS.

Dejando de lado casos extremos de sobra conocidos como esos cómics en los que solo hay imágenes sin textos, o todo lo contrario, aquellos en los que la historia se entendería aunque quitásemos los dibujos, lo normal es que se utilicen los dos recursos, pero casi siempre predomina el visual. ¿Qué quiere decir todo este lío? Pues que la historia que estamos imaginando tiene que poder ser plasmada en dibujos de forma espectacular, independientemente del estilo o género al que pertenezca, para no aburrir.

Esa historia se va a desarrollar en un ambiente concreto. Ese ambiente va a condicionar los dibujos y los textos: en la forma de hablar de los personajes, los tipos de edificios, las vestimentas. En esta página de apertura de *Batman* vemos un ambiente de destrucción, caótico, con peleas callejeras, casi postapocalíptico. La imagen se complementa con unos pocos textos: es la ciudad de Ghotam destruida. Por otro lado, Superman sobrevuela un paisaje urbano y destaca sobre el cristal y la altura de los edificios más emblemáticos de la ciudad.

Por ejemplo, no pondrías a la señora de avanzada edad que hemos creado un collar de una chica joven, ¿no? Eliges para ese personaje un collar que no desentone con su edad y forma de vestir. Le cuelgas un bastón del brazo y creas los accesorios adecuados para ese personaje.

El personaje partido de la risa que dibujamos con un traje y una pajarita tendrá una edad acorde al traje que lleva, y la ambientación será nocturna: posiblemente una fiesta o algún lugar donde se vaya elegantemente vestido.

Tenemos que empaparnos de ese ambiente, documentarnos. Si la trama se desarrolla en la época medieval debemos conocer cómo interlocutaban los nobles con los siervos, o las mujeres con sus maridos, también las expresiones populares, o las típicas comidas de la época; todo, nos tenemos que volver unos expertos en el tema. Es muy importante para que podamos introducir al lector en la historia saber exactamente qué contexto y ambientación son los adecuados. Incluso hay que cuidar hasta el más mínimo detalle.

Cómic: CORTO MALTÉS. En el nombre de Alá compasivo y misericordioso.
Autor: HUGO PRATT.

ELIMINARÁ AL PRÍNCIPE SI LOS TURCOS Y LOS ALEMANES GANAN ESTA GUERRA, Y CON SU APOYO, SE HARÁ PROCLAMAR REY. SI POR EL CONTRARIO GANAN LOS INGLESES, SE HARÁ NOMBRAR REGENTE HASTA LA MAYORÍA DE EDAD DEL JOVEN SAUD.

¡VAMOS QUE EN CUALQUIER CASO SALE GANANDO EL AMIGO ABDUL!

Como podemos apreciar en la viñeta superior, el autor de *Corto Maltés*, Hugo Pratt, dirige a su protagonista por todo el mundo participando en acontecimientos históricos: desde intrigas de joyas en la Rusia prerrevolucionaria, hasta las luchas de los Cangaceiros en Brasil. Hay que estar informado de los acontecimientos, en este caso históricos. La viñeta que reproducimos corresponde a su época por el Oriente africano, durante la Gran Guerra.

Cuando ya tenemos la historia y necesitamos datos es interesante salir al terreno a grabar y fotografiar llevando un cuaderno de notas. Podemos grabar ambientes, oír conversaciones, ver distintos tipos de encuadre o, simplemente, las fugas de las perspectivas de calles y edificios.

En definitiva, tienes que usar todo los medios a tu alcance. Desde Internet a las bibliotecas, desde expertos en la materia a experimentar por tu cuenta. Y, claro, hay que leer a otros autores, que de todas partes se pueden sacar ideas sin que necesariamente se esté plagiando.

Hay pequeñas joyas de las que se puede aprender mucho como, por ejemplo, el ejemplar cuya portada reproducimos a continuación, *The Will Eisner's Spirit. Las nuevas aventuras.* Aquí, Eisner ya no escribe ni dibuja, se lo deja a grandes maestros como Alan Moore, Dave Gibbons, Eddie Campbel, Mark Schultz o Daniel Torres, entre otros. En pocas páginas se pueden sacar muchas ideas para practicar.

Cómic: ZITS.
Autor: JERRY SCOTT y JIM BORGMAN.
Editorial: NORMA EDITORIAL.

La edad perfecta serían los 17 años.

A los 17 sigues siendo un niño...

...pero eres lo bastante mayor para conducir, aunque no para ser un adulto totalmente responsable.

¡Y lo mejor, si a los 17 todavía no eres la persona que esperabas ser, aún tienes tiempo para cambiar!

VAYA... ¡YO PENSABA QUE ESO ERA A LOS 41!

Cómic: SPIRIT. Las nuevas aventuras.
Autor: WILL EISNER.
Editor: KITCHEN SINK PRESS.

Un buen ejercicio es elegir un relato corto, o una escena larga, y realizar una descripción ambiental perfectamente identificable para un ilustrador.

PERSONAJES

Es una de las partes más entretenidas, ya que vamos a dotar de personalidad a unos seres que apenas están empezando a «nacer», aunque ya tengamos el argumento general.

Cada personaje, y más si es principal, tiene que estar perfectamente definido. Tenemos que saberlo todo sobre él, por algo somos sus creadores: su pasado, sus gustos, su forma de desenvolverse, su manera de hablar, sus habilidades, sus relaciones con otros personajes...

Sí, la relación con los otros personajes u objetos es lo que va a sustentar la historia. El argumento está rodeado por otras pequeñas tramas o personajes que van complementado, mediante triangulaciones, el eje principal de la narración.

Cuando ya lo tengas claro tendrás que realizar una descripción escrita de cada uno de los personajes, a medida que vayan apareciendo en la narración. Esto es importante para que tanto el ilustrador como el editor, si lo hay, sepan perfectamente cómo late, cómo siente y reacciona nuestro protagonista, pero también tienen que saberlo de cada uno de los personajes. Cuanto menos cabos dejemos al azar, mejor.

El retrato de los personajes tiene que ser claro, directo y lo más diverso posible dentro de la brevedad. Fácil, ¿verdad? Describirá tanto la personalidad como la apariencia, qué es lo que le emociona, los gestos y posturas que adopta, su mirada.

Esto parece exagerado, pero si al final tenemos éxito con nuestra historia, quién sabe si se convertirá en una serie, y las tramas y los personajes se irán complicando. Nada mejor, entonces, que una buena base de datos.

Pongamos un ejemplo sobre un personaje conocido y actual, así nos será más fácil definirlo. Luego seguiremos trabajando con otros ejemplos que hayamos creado noso- tros. Utilicemos a Calvin para la definición e inventemos una ficha que rellenaremos con los datos principales que hay que conocer a la hora de crear un personaje.

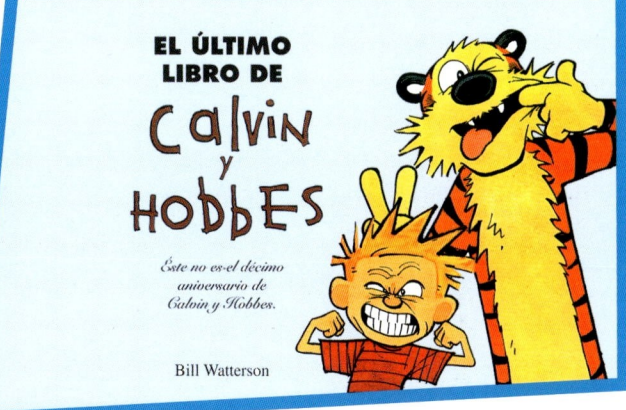

NOMBRE:
Calvin.

EDAD:
Niño de unos diez años.

COLOR DE PELO:
Naranja y de punta.

RASGOS PRINCIPALES DE SU FÍSICO:
Cabeza grande, cuerpo pequeño.

PRENDAS DE VESTIR:
Camiseta de rayas y pantalón negro.

RASGOS PRINCIPALES DE SU CARÁCTER:
Travieso, perezoso, independiente, soñador.

LO QUE LE GUSTA:
Le gusta pasear, le gusta montar en trineo, le gusta jugar con la nieve.

LO QUE NO LE GUSTA:
No le gusta estudiar, no le gusta su niñera.

SUS AMIGOS:
Su mejor amigo es un tigre que se llama Hobbes, que es un personaje inventado, solo lo ve él.

SUS ENEMIGOS:
Susi, una compañera de colegio, y su niñera Rosalyn.

SU FAMILIA:
Vive con sus padres. Son una pareja normal de un nivel económico medio; él trabaja fuera de casa, ella en casa. Ponen mucho empeño en educar a Calvin pero este les acaba siempre sacando de quicio.

PARTICULARIDADES DEL CÓMIC:
El mejor amigo de Calvin, Hobbes, es real para Calvin y aparece dibujado como un tigre, pero cuando hay cualquier otro personaje dentro de la viñeta, Hobbes sale como un muñeco de trapo.

HISTORIA:
La relación de Calvin y Hobbes es la base de la historia. Cómo transcurre cada día, el desayuno, la comida, el colegio: todo se narra a través de la amistad de ambos.

BOBALICÓN

El personaje bobalicón es bastante común en el mundo del cómic. A grandes rasgos vamos a poner un ejemplo con sus características físicas principales que nos recordarán a este tipo de persona, aunque ninguna de ellas es determinante en la vida real.

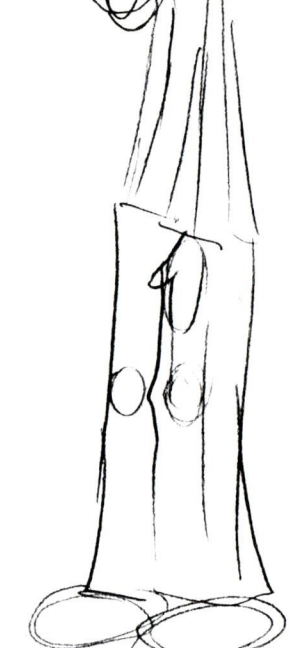

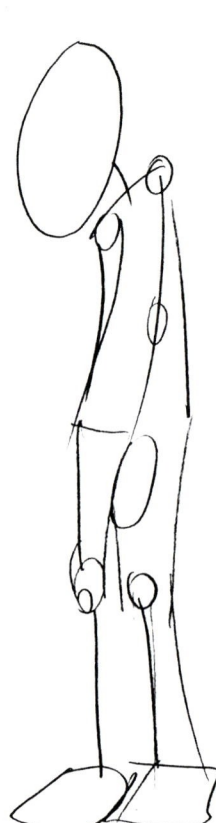

1 Vamos a señalar rasgos que hemos utilizado para crear a este personaje un tanto bobalicón. La cabeza inclinada hacia delante como marcando una forma especial de andar, torpe y despistada.

2 Hombros caídos marcando la dejadez y el abandono; las manos en actitud de inocencia y medio incomprensión.

3 Pies grandes que le hagan un caminar más torpe y pesado.

4 La mirada adormilada: marcamos los párpados como pesados, caídos. La boca inclinada hacia abajo como medio triste, medio apagado, sin fuerza ni mucho carácter.

5 La ropa suele ser grande o algo estrafalaria; no importa si la exageramos con colores que no combinen para nada entre sí, o con prendas que tengan algún que otro motivo, rayas, lunares, dibujos, etc.

El personaje del rey pierde su caracterización monárquica al subirlo a un burro, el animal más bobo.

HÉROE

El héroe, siempre reconocido y admirado en libros, películas, cómics: este tipo de personaje suele ser alto, bien proporcionado, fuerte, musculoso, generalmente atractivo e insinuante. Es raro ver un héroe gordinflón, con gafas y con traje de chaqueta y corbata.

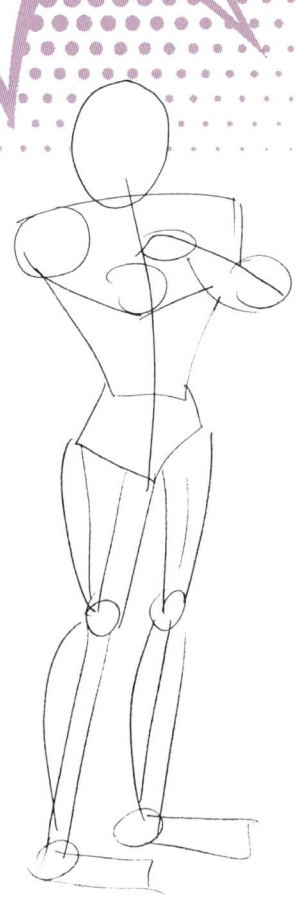

1 Esbozamos unos volúmenes que den la base a un personaje tipo héroe, fuerte, esbelto, bien proporcionado.

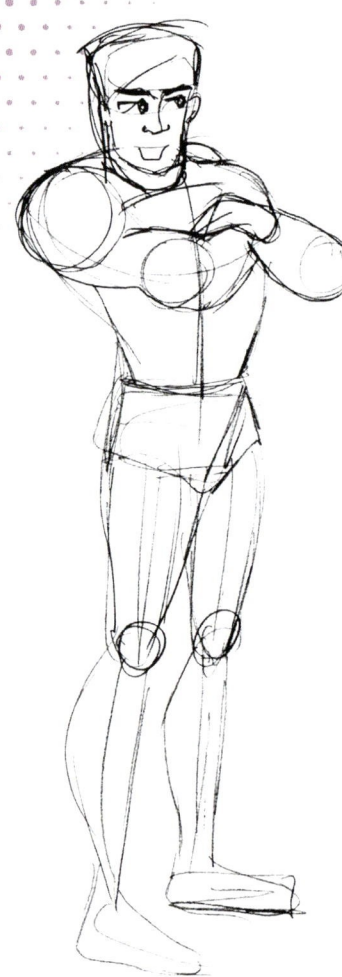

2 Le dibujamos una cara atractiva: no exageramos las facciones para que no quede cómico; buscamos el efecto contrario, que dé confianza y seriedad.

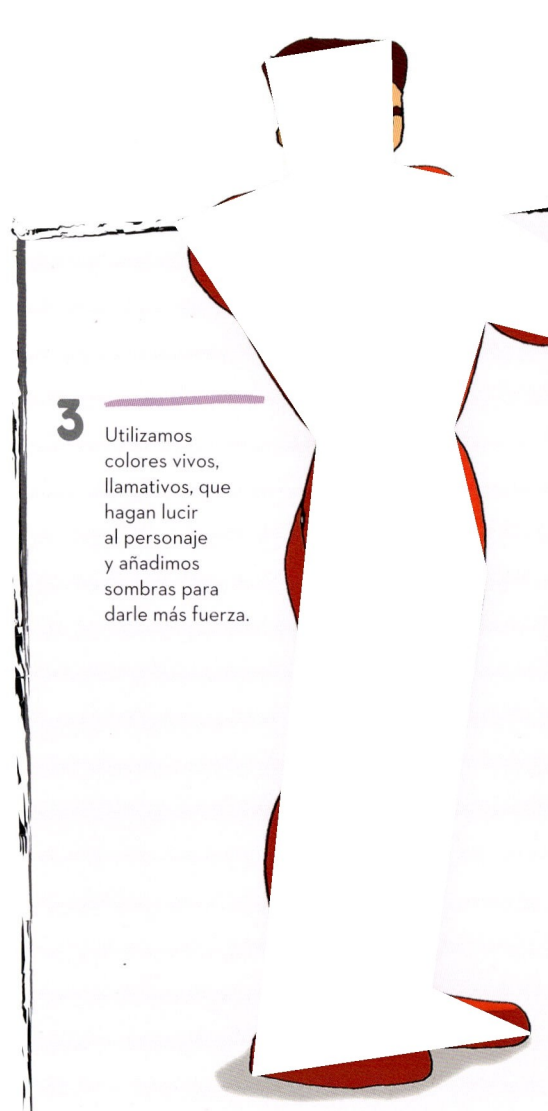

3 Utilizamos colores vivos, llamativos, que hagan lucir al personaje y añadimos sombras para darle más fuerza.

LISTILLO

El listillo, pícaro, buscavidas, ese tipejo tan común en las historias que sabe encontrar la manera de satisfacer sus deseos, bolsillo o estómago.

1 La postura tiene que ser claramente firme, un tanto descarada, pícara, desenfadada.

2 Los gestos deben acompañar dicha postura. Ojos bien abiertos, boca con una media sonrisa, un gesto despierto y burlón.

3 Añadimos más detalle a los rasgos a destacar: cara, pies y manos.

4 Le damos color al personaje. Vamos a elegir colores atrevidos, que le den personalidad dentro de la normalidad de ropa que hemos escogido.

EL MALO

El malo, el bruto, el asesino: siempre ha habido y habrá un personaje que despierta el miedo, que roba, que pelea, que atemoriza, como coloquialmente se dice, «el malo de la película». Siempre, en cualquier historia surge este tipo de personaje.

1 Esbozamos con círculos y líneas sus volúmenes. Estos serán grandes, exagerados, bruscos, recordando a un personaje fuerte y robusto. Los brazos los dibujamos apoyados en la cintura como a la expectativa.

2 Eliminamos las figuras básicas del personaje antes de empezar a exagerar los gestos.

3 Los rasgos de la cara los acentuamos todo lo que podamos: las cejas son pobladas y pueden llegar a juntarse en el entrecejo. La boca tendrá un gesto cruel y brusco.

4 Le damos color y dibujamos el pelo echado hacia delante como sin peinar, para que se acentúe el aspecto de bruto.

REFLEXIVO

También podemos hablar del personaje reflexivo, un tanto mayor, con cara de despistado, que parece que está en el cielo más que en la tierra; y del personaje desconfiado, delgado, nervioso, con las cejas prominentes, siempre atento y alerta.

1 Utilizamos como ejemplo de dichos caracteres estos dos personajes. A la derecha el desconfiado, y a la izquierda el reflexivo soñador.

Comic panels (speech bubbles):

¡...ES INADMISIBLE!

¿QUÉ...?

¡TÚ ERES UN GUSANO AL LADO DE LA SEÑORITA, NO LE LLEGAS NI A LA SUELA DE LOS ZAPATOS!

SEIYA, ¿ERES CONSCIENTE DE A QUIÉN TE ESTÁS DIRIGIENDO?

Y LUEGO DE LA...

EL GUION

La narración es otra parte importante de la creación y construcción de un cómic. No podemos decir qué estilo de narración se debe seguir porque hay multitud de posibilidades y cada dibujante creará el suyo propio. Pero sí que podemos dar una serie de consejos y de explicaciones acerca de la forma correcta e incorrecta de hacerlo, y apoyarnos en cómics ya publicados para que nos puedan servir de ejemplo a la hora de comprender esas herramientas y consejos.

Primero podríamos decir que hay que intentar ser sutil en la narración.

Cuando redactemos el guion, en el cómic hay una premisa: «es mejor ver los hechos a que nos los cuenten». Si un personaje está furioso, vemos cómo golpea una pared con su puño, y quizás al mismo tiempo lanza un grito incoherente lleno de ira. Mejor todo esto que una cartela: «Carlos estaba furioso». Evidente, ¿no? Busca la simpleza como en el ejemplo de *Garfield*, breve, directo, irónico, emotivo y reflexivo.

Cómic: GARFIELD.
Autor: JIM DAVIS.
Editor: EDICIONES JUNIOR.

Hemos comentado anteriormente que cada viñeta debe ser necesaria. Nada puede ser gratuito. Es un gran error poner por poner. Siempre un cómic simple y con la información exacta y correcta es más impactante y esconde mucha más riqueza que un cómic que tenga muchas viñetas que, aunque bien ilustradas, no aporten casi nada de información.

Cuando estamos pensando en el guion debemos partir de esa misma premisa. Cada frase debe tener su intención: si no aporta nada, no la pongas. Fíjate en las películas de Alfred Hichtcock, cada plano dice algo, cada mirada, cada frase.

A nivel práctico es mucho mejor que el guionista sea el propio ilustrador, o al revés, para no ofender. Pero lo normal es que haya dos o más personas implicadas, con lo cual la transmisión desde el cerebro del guionista a la mano del dibujante debe ser lo más clara posible. Puede ser interesante a nivel productivo realizar guiones poco completos y dejar más decisiones al ilustrador, aunque lo mejor es dar una buena dosis de detalles en los guiones, sin obsesionarse. Algo claro, pero bien definido.

Lo importante es barajar todas las posibilidades antes de iniciar el proceso de ilustración.

Por eso, y porque hay muchas formas distintas de trabajar un guion, a continuación vamos a analizar solo uno, el llamado guion técnico. Esto no es un curso para escribir un guion profesional, pero sí que te ayudará mucho como toma de contacto para ver qué sensaciones tienes realizando tu propia historia.

GUION TÉCNICO

Es el más completo. Es guion porque nos dice lo que va a suceder, y es técnico porque realiza anotaciones que facilitan la labor en el momento de empezar a dibujar. Además del guion, el dibujante recibirá una sinopsis, un breve resumen, de todo el cómic.

La mayoría de las historias se cuentan en tercera persona, que se alternan con las conversaciones, ya sea en cartelas o bocadillos. Es la mejor forma para poder dar información de cualquier tipo. Lo podemos comprobar en esta viñeta de *Superman*.

En primera persona daremos sensación de algo de misterio, y siempre desde un solo punto de vista. Las reflexiones de Dwight McCarthy, uno de los protagonistas de *Sin City*, nos hacen sentir que estamos pensando con él.

La segunda persona se usa muy poco. Es mucho más cercana e íntima, pero puede crear confusiones cuando hay muchos personajes en la escena al no saber a quién se dirige cuando habla.

Cómic: SUPERMAN.
Autor: SIEGEL/SHUSTER.
Guion: BOGDANOVE/SIMONSON.
Dibujo: BOGDANOVE.

Cómic: SIN CITY. La gran matanza.
Autor: FRANK MILLER.
Guion: DARK HORSE Cómics.

Como ya hemos comentado, lo primero que hay que tener es una buena historia. Después, hay que ir desmembrándola de arriba abajo, como si fuera una pirámide; el vértice superior es la historia resumida en una frase, y la base el momento de mayor información, que será tan grande como larga queramos que sea la historia.

Viñeta 1 –
Mafalda (alegre) y Libertad frente a los padres de Mafalda que están relajados en la arena.

MAFALDA:

TRAJE UNA AMIGUITA SE LLAMA LIBERTAD

Viñeta 2 –
Los dos mirando a Libertad.

PADRE:

¿LIBERTAD? ¡QUÉ CHIQUITA!

MADRE:

¡Y QUÉ QUEMADA ESTÁ!

Viñeta 3 –
Mafalda y Libertad escuchan con cara de extrañeza.

CLARO, SE VE QUE HACE BASTANTE QUE ESTÁ DE VACACIONES

PADRE:

Viñeta 4 –
Mafalda y Libertad salen algo indignadas del encuentro. Los otros se quedan extrañados de su comentario.

MAFALDA:

¡TRAJE UNA AMIGUITA NO UN PANFLETO!

Arriba, hemos escrito lo que podría ser un guion, con todo los respetos, de una tira de *Mafalda* (Quino). Eso sí, suponiendo que el guionista no sea el mismo dibujante, aunque podría serlo si recibe el visto bueno del editor, pero la verdad es que hay ciertos autores que no necesitan esa autorización para escribir sobre una u otra historia.

El resultado que vemos arriba sería un ejemplo de guion técnico. Como ya hemos comentado, lo normal es que, en las tiras, guionista y dibujante sean la misma persona, con lo cual muchas veces funciona mentalmente, imagina la historia, la visualiza, y luego la dibuja sin necesidad de guion.

Ahora vamos a ver otro caso de un cómic real como ejemplo. Vamos a imaginarnos el guion que le pasa Grant Morrison al dibujante Val Semeiks en una de las páginas de

Starman: Solaris ascendente es el momento en que Batman empieza a interrogar a Starman. Un guion técnico bastante completo podría ser algo así:

Viñeta 1 –
Batman golpea con fuerza la cara de Starman, que cae al suelo; vemos el golpe desde el suelo, en el sitio donde Starman va a caer, vemos su cara de cerca.

BATMAN:

NOS TRAICIONASTE. CONDENASTE AL FUTURO. CONDENASTE A MUERTE A MILLONES.

Viñeta 2 –
Starman en el suelo y todavía dolorido.

STARMAN:

KKUHH. Y TÚ... ENLOQUECISTE

Viñeta 3 –
Batman vuelve a amenazar a Starman.

STARMAN:

ME VAS A MATAR AHORA... EL VIRUS HORARIO TE CORROE EL CEREBRO.

Viñeta 4 –
Batman se relaja, plano más alejado, de pie inmóvil; Starman sigue en el suelo, podemos verlos desde arriba.

BATMAN:

ES VERDAD. ENLOQUEZCO. EL VIRUS ME HACE EXPERIMENTAR REACCIONES PARANOICAS EXTREMAS. ¿QUÉ EXCUSA TIENES PARA COMERCIAR CON VIDAS HUMANAS, STARMAN?

Podría haber sido algo así, ¿verdad? Es solo un ejemplo: las relaciones entre guionistas y dibujantes pueden ser muy distintas y, por ende, también la forma de trabajar y el flujo de información. En algunas ocasiones el dibujante propone eliminar algunos textos si considera que con lo dibujado se entiende perfectamente.

Cuando prepares tu guion ten en cuenta que las viñetas están ahí por algo, todas son necesarias y siempre nos transmiten algo. Por eso cada viñeta tiene que estar bien definida y ser una clara expresión narrativa, la mínima expresión, como ya dijimos.

En la página vemos que el momento culminante es el golpe en la cara de Starman, es la acción principal, y se le da un tratamiento distinto: en este caso, el tamaño de la viñeta y la espectacularidad del dibujo del golpe visto desde un ángulo bajo; parece que la cabeza del tipo va a caer a nuestro lado. Esto está más o menos descrito.

Cómic: STARMAN. Solaris ascendente.
Guion: GRANT MORRISON.
Dibujo: VAL SEMEIKS.
Editor: DC Cómics.

Luego está la segunda parte, que comprende las tres viñetas restantes. Aquí la tensión baja, el tamaño de las viñetas también, y la última imagen es una toma más distante, dándonos a entender que ahí se acaba ese mini acto, como así es en realidad... por el momento.

No escribas más de lo necesario, mejor utiliza el lápiz. En algunas ocasiones el dibujante propone eliminar algunos textos si considera que con lo dibujado se entiende perfectamente.

LA NARRACIÓN
Y EL RITMO

Hasta ahora tenemos una historia con un guion, pero tenemos que darle vida para hacer de ella una narración atractiva, modulada según se van sucediendo los acontecimientos. Y lo vamos a conseguir con el ritmo, los latidos del corazón de la historia, que se acelera en los momentos de tensión, y se ralentiza cuando asimilamos información pausadamente.

Las escenas son las divisiones que componen el total de la narración. Tienen sentido por sí mismas y tienen una presentación, un desarrollo y un final, la clásica estructura básica también de nuestro argumento general. Pueden ser de una sola página, o de varias, sobre todo si son de acción; o pueden ser cortas, muy cortas como en esta tira del protagonista de Zits, Jeremy, (Jerry Scott y Jim Borgman).

Cómic: ZITS.
Autor: JERRY SCOTT Y JIM BORGMAN.
Guion: NORMA EDITORIAL.

Una vez presentados los personajes de una escena lo normal es mantenerlos y no añadir más a no ser que sea necesario. Un cambio de uno o varios personajes es un recurso que nos indica el fin de una escena y el principio de otra.

Cuando decimos que hay una presentación de la historia nos referimos a que hay un planteamiento nuevo de una situación, que es cuando el lector abre por primera vez la publicación. Pero eso no significa que empiece por el principio de la historia, puede empezar por el final, para luego ir desvelándonos por qué ha llegado a esa terrible situación nuestro protagonista.

Durante el desarrollo se irán juntando y separando los argumentos secundarios de la trama principal. El uso de distintos argumentos entrelazados mantiene la tensión y despierta al lector y, alternando las escenas lentas con las de acción, conseguiremos llevar a este al punto de clímax que consideremos oportuno en cada momento.

En esta página de *Spirit. El regreso de Estola de Visón* tenemos un magnífico ejemplo de cómo manejar el tiempo y jugar con los argumentos y, además, con pocas viñetas. El guionista de cine describe sus días a un conocido (argumento 1), luego descubre a la bella y misteriosa mujer (argumento 2), se imagina lo que podría haber sido el comienzo de ese encuentro (argumento 1 y 2), vuelve al presente y a la escritura (argumento 1) y, por último, conocemos un diálogo de lo que está escribiendo (argumento 3). Todo muy ágil.

Podemos buscar más agilidad todavía usando los *flash-backs*, que son un regreso al supuesto pasado de alguno de los personajes. Tampoco es extraño que usemos *flash-forwards*, el recurso narrativo que nos traslada al tiempo que todavía está por llegar. Relacionar el presente con el pasado, con el futuro, viajar por el tiempo, por nuestro hilo narrativo, pero sin pasarse. Si abusamos, podemos cansar al lector.

Cómic: SPIRIT. El regreso de Estola de Visón.
Autor: WILL EISNER.
Guion: NORMA EDITORIAL.
Dibujo: EDDIE CAMPBELL.
Editor: KITCHEN SINK PRESS.

El escudero servía al caballero y su relación era una especie de simbiosis.

El escudero estaba orgulloso de sus deberes, de su posición... orgulloso de su caballero.

Pero un cataclismo sacudió al reino.

Cómic: BATMAN. Equilibrio.
Autor: BOB KANE.
Guion: GREG RUCKA.
Dibujo: PEARSON / HODGKINS.
Editorial: DC Cómics.

Destruyó el castillo del caballero.

Y un gran mal azotó aquellas tierras.

La gente necesitaba más que nunca al caballero.

En el siguiente ejemplo de Batman vemos un *flash-back* que realiza el narrador: desde los buenos tiempos, pasando por la decadencia, hasta la desolación, parece que pasan años.

Cómic: LOS CABALLEROS DEL ZODIACO.
Autor: MASAMI KURUMADA.
Guion: SHUEISHA.

En historias de mucha acción es bueno calentar las escenas antes de los combates para no entrar de lleno en la pelea y, así, elevar la tensión gradualmente y provocar mayor impacto. Lo podemos ver en esta doble página de *Los caballeros del zodiaco* (Masami Kurumada). Hay que leerla de derecha a izquierda, es *manga*.

Cómic: UN PUÑADO DE POLVO.
Autor: ABNETT / LANNING.
Editor: DC Cómics.

Como en cualquier canal de comunicación, el final de una historia es un elemento clave. En el cómic es un pequeño apartado que posibilita a los autores mostrar sus dotes narrativas. Este final de *Un puñado de polvo* (Abnett/Lanning) se recrea en los instantes de la muerte, lentamente, cuando es el ser interior el que se va, se difumina.

En esta mini escena de *Sin City* vamos a analizar las variaciones en el ritmo y los recursos que se utilizan. Es el momento previo a la escena de una «gran matanza», así se llama este capítulo. Es una escena dura e irónica.

Cómic: SIN CITY. La gran matanza.
Autor: FRANK MILLER.
Guion: DARK HORSE Cómics.

1 La primera acción fuerte (viñetas 1 a 3) se realza y se resume en una viñeta, seguida de una onomatopeya y el impacto de la flecha, ya en otra imagen. Podía haber puesto el THUNK en la viñeta grande, pero de esta forma nos ralentiza la acción hasta oír el impacto de la flecha, para luego ver el resultado.

2 En las siguientes viñetas (viñetas 4 a 8) se produce un juego entre el desarrollo del argumento principal y el discurso del herido que, a pesar de lo sangriento del impacto de la flecha, es ignorado por todos. Aunque la situación es tensa, son unos instantes de calma visual.

3 Pero apenas pasan unos instantes, y de nuevo la acción. A toda página impar, vemos cómo lanza otra flecha. Y vemos el sonido de la flecha saliendo, pero tenemos que dar la vuelta a la página, creando así suspense, para ver que de nuevo impacta en el mismo desgraciado villano, que parece que no se ha movido del sitio desde el comienzo de la escena (viñetas 9 y 10). Las dos onomatopeyas y el primer plano refuerzan la sensación de velocidad.

Fíjate en los pequeños detalles: el tiempo también se refleja en la mancha de sangre provocada por la flecha incrustada en el pecho del malo, se ve más grande, pero el tipo ni se inmuta.

LA PÁGINA

Hemos visto todos los elementos necesarios para pensar en rellenar una página o una tira; eso sí, suponiendo que nos han dado un guion, o lo hemos escrito nosotros, y que ya tenemos al menos unos bocetos de los personajes principales. Ahora vamos a decidir dónde y cómo van a ir las viñetas y los demás elementos que rellenan nuestra página en blanco.

Con una secuencia de viñetas vamos a crear la frase, la página, que junto con otras formarán nuestra historia. La interpretación de las páginas y la narración escrita son igual de importantes, y las dos tienen que estar bien presentes en el momento de comenzar a dibujar.

Tenemos que imaginar que ocupamos la silla de un director de cine. Sobre todo en los cómics, más que en las tiras. Pero tenemos, con respecto al cine, una ventaja espectacular: podemos dibujar cualquier punto de vista de un hecho que se supone que está sucediendo, algo que en el cine está condicionado por las limitaciones técnicas. Aunque los avances en la era digital son impresionantes, no lo son más que una mente y un lápiz.

Cómic: TOMÁS EL GAFE.
Dibujo: FRANQUIN JIBEHEM.
Editor: PLANETA DE AGOSTINI.

Así de sencillo: diferentes encuadres diseñados de antemano para que la secuencia de la trama no pierda interés, en el cómic todo importa, desde la viñeta al bocadillo.

Tu mente puede, en unos instantes, imaginar una importante variedad de composiciones en una misma página, integrada por múltiples viñetas. Puedes escoger mini escenas de algunos de los clásicos del cine y abocetarlas en una página: te sorprendería la coherencia que siempre tiene la página resultante. Por ejemplo, y ya que lo hemos mencionado en la introducción, la película que retrata al magnate de la prensa William Randolph Hearst, el famoso *Ciudadano Kane*, de

Orson Welles, es una auténtica lección de lo que supone el dominio de la narración y está repleta de recursos para solucionar esas mini escenas de las que hablábamos.

Puedes practicar un boceto de todas las páginas que va a tener tu historia a mano alzada, con un lápiz no demasiado blando, y trazar el número y tipo de viñetas que pondrás en cada página. De esta manera puedes rápidamente visualizar cómo quedará el cómic: si resultará monótono o no, desordenado o confuso o si, por el contrario, tendrán las distintas páginas una gran riqueza en la composición y maquetación de las mismas.

LA COMPOSICIÓN

Solo tenemos una limitación a la hora de componer nuestras páginas, la comprensión, como siempre. Una página es por sí misma un elemento independiente, que representa una escena, o bien forma parte de un grupo de páginas que integran dicha escena. Ya sabemos que el número «ideal» de viñetas es seis. Por tanto, sería un buen ejercicio diseñar páginas con seis o más viñetas pero de distinta forma, y luego ir disminuyendo hasta alcanzar la página con una sola viñeta. Las tiras diarias ofrecen menos posibilidades de cambiar el estilo debido a sus limitaciones de tamaño.

Cómic: EL PROFESOR TRAGACANTO.

Los primeros cómics como este del *Profesor Tragacanto*, no se atrevían mucho con la variación de viñetas; generalmente tenían siempre el mismo tamaño y ritmo.

Cómic: AVENGERS.
El noveno día.
Autor: BUSIEK / PÉREZ.
Editor: MARVEL CÓMICS.

Utiliza el recurso de trazar todas las viñetas del mismo tamaño. Proporciona un ritmo muy extraño y original, un tanto monótono.

Cómic: DRAGON BALL.
Autor: AKIRA TORIYAMA.
Editor: SHUEISHA.

Una distribución clásica de seis viñetas del mismo tamaño en una página facilita una lectura ordenada, pero pierde fuerza visual y por tanto tendrá que ofrecer un contenido narrativo muy interesante para no adormecer al lector.

Esperemos que la conversación, en el ejemplo de *Avengers* (Busiek/Pérez), sea bastante interesante, ya que todas las viñetas son iguales, y son nueve. No varía el punto de vista, ni el encuadre, y los personajes permanecen prácticamente estáticos. Todo lo contrario que lo que ocurre en el desplazamiento del saltarín en *Dragon Ball*: tres viñetas y fuera. Claro está, no hay diálogo.

Antiguamente la mayoría de los cómics llamados tebeos mantenían una composición simétrica. Las viñetas tenían el mismo tamaño y seguían un mismo orden anulando todo el posible dinamismo de la composición de la página, como vemos en *El profesor Tragacanto*.

Si queremos dinamizar un página habrá que incluir alguna viñeta más grande, otras más pequeñas, y otras que alcancen toda la vertical. Un recurso bastante utilizado para agilizar las páginas consiste en meter unas viñetas dentro de otras, o introducir algunos elementos silueteados en una viñeta.

Para sacar el máximo rendimiento a la composición, primero debe atraer la atención hacia el centro de interés mediante diferentes herramientas, como la acción de los personajes que se inclinan o miran, y también con el diseño que enmarca o se entrecruza. En una composición lo importante es llegar a los ojos del espectador desde todas las perspectivas.

Un recurso también muy utilizado consiste en enmarcar toda la página. En el ejemplo de *Spirit* vemos cómo el cuaderno de notas del detective protagonista se ha convertido en el marco de todo el contenido de la página, como si fueran las notas del propio detective.

Cómic: X-MEN. Juegos de traición.
Autor: STAN LEE.
Guion: SCOTT LOBDELL.
Dibujo: CARLOS PACHECO.

Las viñetas alargadas ocupando toda la página en *X-Men* (Stan Lee) agilizan la acción. Nos obligan a despertarnos, y dejan la información importante para el final, después de la explosión.

Cómic: SPAWN.
Autor: TODD McFARLANE.
Editor: IMAGE Cómics.

Una composición compleja, artística, como en *Spawn*, pretende que el lector se tome su tiempo para ver las imágenes y lea con tranquilidad lo que pasó en la batalla, todo relajado. Otro caso muy distinto es el del superhéroe atacando al villano cuando menos se lo espera. Se resume de nuevo en una página: el momento estelar en el que salva a su escudero... nadie pensaba que Batman volvería... un instante totalmente congelado.

Cómic: BATMAN. Equilibrio.
Autor: BOB KANE.
Guion: GREG RUCKA.
Dibujo: PEARSON / HODGKINS.
Editorial: DC Cómics.

Hay que tener en cuenta que cuando hacemos variaciones especiales en el aspecto de una viñeta estamos invitando al lector a que se fije más en ella; por lo tanto ese tratamiento tiene que estar justificado de manera que el lector esté informado o vea algo importante y no se sienta defraudado.

LA PÁGINA NARRATIVA

Cómic: SPIRIT. A brazo partido.
Autor: WILL EISNER.
Guion: ALAN MOORE.
Dibujo: DAVE GIBBONS.
Editor: NORMA EDITORIAL.

Si en el caso de la viñeta reflejábamos un momento en el espacio y en el tiempo, ahora vamos a tener una pequeña historia contenida en una página, formada por distintas imágenes, separadas en el tiempo y, quizá también, en el espacio. Vamos a pensar que la escena debe resolverse en una sola página.

Pero vamos a matizar eso que hemos dicho. Aunque es cierto que una sola viñeta refleja un momento en el tiempo también puede recoger varios instantes cercanos, como esa viñeta que ya vimos de *Spirit*. El instante del lanzamiento del objeto, sugerido por las líneas cinéticas. Otro: el momento del impacto del arma y la reacción, visualizado por el globo de signos y la llamarada en el cañón de la pistola, y el instante del impacto del disparo en el hombre de verde, corroborado por su grito de dolor. Así que imagínate lo que se puede hacer con seis viñetas, dieciocho instantes. Pero cuidado con agotar al lector.

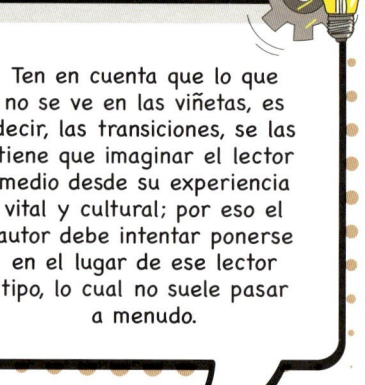

Ten en cuenta que lo que no se ve en las viñetas, es decir, las transiciones, se las tiene que imaginar el lector medio desde su experiencia vital y cultural; por eso el autor debe intentar ponerse en el lugar de ese lector tipo, lo cual no suele pasar a menudo.

Hay muchas formas de contar una misma historia. Si, por ejemplo, la escena que tenemos que contar consiste en cómo un superhéroe lanza a su rival desde lo alto de un edificio, lo podemos ralentizar o acelerar según el número y estilo de las viñetas. Podemos ver cómo el superhéroe lo levanta sobre sus hombros, la vista desde arriba del edificio hacia abajo, la cara de terror del villano, la trayectoria de caída, el fuerte impacto y una nueva vista desde arriba de los restos; o podemos dibujar un contrapicado a toda página desde el suelo, con el impacto y las líneas cinéticas de la caída y a nuestro superhéroe arriba al fondo.

El ejemplo de *Superman* es algo parecido a lo que acabamos de contar: una sola viñeta para toda esa acción. Sin embargo, en las cuatro viñetas de *Sin City* ralentizamos el instante del ahogamiento, dejamos que el lector se recree en este hecho dramático. Nada extraño..., si tenemos en cuenta que sucede en la «Ciudad del Pecado».

Cómic: SUPERMAN. La sala real de justicia dentro de Kandor.
Autor: JERRY SIEGEL / JOE SHUSTER.
Guion y dibujos: MARZ / GRINDBERG / PALMER.
Dibujo: DAVE GIBBONS.
Editor: DC Cómics.

Cómic: SIN CITY. La gran matanza.
Autor: FRANK MILLER.
Editor: DARK HORSE Cómics.

NO ESTÁ HACIENDO NADA.

Si el guionista prepara una escena de varias páginas, pero da un pequeño carácter de unidad a cada página, o doble página, y lo describe así en el guion, el ilustrador tendrá mayor facilidad a la hora de concebir y realizar el diseño. Esta forma de trabajar es la mejor para escenas importantes. El ritmo y el diseño son las fórmulas secretas detrás de las mejores páginas de cómic. Los artistas tienen ese instinto narrativo que les permite contar las cosas de la mejor manera.

Veinticinco viñetas para contar una charla del Capitán América a sus compañeros antes de la batalla no es habitual. Se podría haber resuelto con el Capitán de espaldas y todos los demás escuchándolo, incluso en una sola viñeta. Pero al final optaron por esta interesante composición, dejando al lector la decisión de leerla rápidamente, ojearla de forma global y leyendo el texto, o elegir en detenerse en cada imagen, en cada rostro, antes de la batalla.

Cómic: LOS PODEROSOS VENGADORES. 3ª guerra mundial.
Autor: STAN LEE.
Guion: JAMES ROBINSON.
Dibujo: RON LIN.
Editor: MARVEL Cómics.

En este otro ejemplo, la explosión en *Astroboy* (Osamu Tezuka), no hay opciones: una explosión, un instante, pero eso sí, un dibujo minucioso, de calidad, del año 1951.

Cómic: ASTROBOY.
Autor: OSAMU TEZUKA.
Editor: GLÉNAT.

Cuando estamos abocetando una página debemos empezar por las viñetas que son más importantes, es decir, las más grandes, ya que esas viñetas pueden condicionar el tratamiento de las más pequeñas.

En cualquier caso, alguien tiene que tomar algunas decisiones como, por ejemplo, qué viñeta ilustrada cierra la doble página, ya que es un momento importante en la narración pues es probable que el lector descanse un momento aprovechando el cambio de página. Si queremos resaltar ese momento para crear suspense y engancharle para pasar la página rápidamente y seguir leyendo, tendremos que dar un tratamiento especial a ese espacio final. Nunca debemos recurrir a movimientos y secuencias comunes que paren la animación.

LAS VIÑETAS

Este es uno de los elementos clave en el cómic, la esencia mínima narrativa, indivisible y llena de información. La imagen, y algunos textos sueltos o en bocadillo, suelen estar encerrados en lo que sería un recuadro, o viñeta. Puedes verla delimitada por todos o varios de sus lados, pero también la puedes encontrar libre, abierta totalmente. A veces

ocupa toda una página; otras, es solo una más entre las distribuidas en la hoja.

La viñeta es un momento exacto en el tiempo de la narración y, gracias a la secuencia de lectura, adquiere una dimensión temporal a pesar de estar llena de elementos estáticos. De su forma, tamaño, cantidad y situación en la

¿HAY CÁMARAS FILMÁNDONOS? ES-TO ES COMO UN PROGRAMA DE CÁMARA OCULTA. ¿ES PARA LA TELE? ¿PARA EL PROGRAMA ESE DE LOS TAXIS?

ELLA ES DE LAS QUE GUARDAN EL HIELO EN LA NEVERA PARA QUE NO SE LE ESTROPEE. ES SU SENTIDO DEL HUMOR.

Cómic: SPIRIT. El regreso de Estola de Visón.
Autor: WILL EISNER.
Guion: NEIL GAIMAN.
Dibujo: EDDIE CAMPBELL.
Editor: KITCHEN SINK PRESS.

página conseguimos distintos efectos que vamos a repasar más adelante, todo ello combinado con lo que tenemos dentro de cada viñeta: el contenido, compuesto principalmente por imágenes, lo que llamamos el encuadre, igual que en el cine y la fotografía.

Es bueno practicar haciendo fotos sin una cámara; con las mismas manos podemos ir andando por la calle e ir encuadrando viñetas de lo que estamos viendo, abriendo y cerrando el encuadre, buscando los ángulos impactantes, desechando lo que no nos interesa, fijándonos en la luz, las perspectivas y, claro, tomando notas... de esa foto, para nuestra viñeta.

Sin duda, la viñeta podría ser comparada con lo que en inglés se llama *cartoon*, es decir, una historia de una sola imagen, normalmente humorística, sarcástica, incluso metafísica... Pero hay algo que los diferencia claramente: cuando vemos una viñeta, estamos esperando la siguiente, o una nueva entrega al final del cómic.

Es muy importante que cada viñeta tenga fuerza por sí sola. Por ejemplo tenemos un cómic de un héroe cualquiera y nos disponemos a narrar una pequeña historia donde nuestro héroe captura a un monstruo. Cada viñeta debe contar algo. Está bien que haya algunas viñetas transitorias,

que sirvan para pasar de un punto de vista o otro, o que eviten dar un enorme salto dentro de la secuencia de la acción, pero cometeríamos un error y acabaríamos por aburrir al lector si convertimos cada viñeta en una secuencia tras otra de la acción.

Esto crearía un ritmo lentísimo y provocaría una pérdida de espontaneidad y riqueza en la historia. Por eso es muy importante tener claro qué queremos contar, cómo lo vamos a contar y qué momentos de esa historia serán los que congelaremos.

Es de especial importancia a la hora de dibujar las viñetas coger un lápiz medio, un papel y esbozar la historia una y otra vez hasta que tengamos completamente claros los momentos que escogeremos dentro de la acción que vamos a narrar.

TIPOS Y ORDEN

Nos encontramos situados dentro del área de influencia de los llamados países occidentales, que escriben y leen de izquierda a derecha y de arriba abajo así que, de esa forma, vamos a ordenar las viñetas, y los bocadillos o bloques de texto que estén dentro de ellas. Esta es una regla general, y no es caprichosa; nuestra mente está preparada para mirar y leer así, por eso nos cuesta tanto acostumbrarnos a leer *mangas*, pues están diseñados al estilo japonés, de derecha a izquierda, vamos, que empiezan por el final.

En esta página de *Star Wars* (Mike Baron) podemos ver el orden de lectura de las viñetas, y cómo se resuelve la colocación de los bocadillos en una compleja conversación.

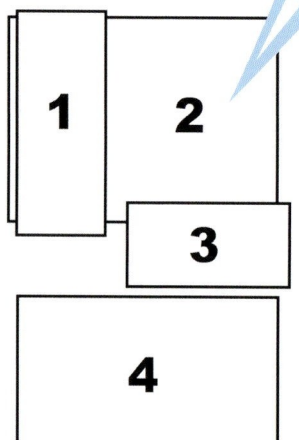

Cómic: STARS WARS. Fuerza oscura naciente.
Guion: MIKE BARON.
Dibujo: TERRY DODSON.
Editor: DARK HORSE Cómics.

A los expertos les gusta decir que la viñeta es a la página como la palabra a la frase. Prueba a diseñar páginas exagerando un poco el orden. Verás cómo la narración y el impacto de los dibujos tienen que ser muy buenos si quieres lograr una comprensión rápida y eficaz. Cualquier diseño de página que limite la comprensión debes descartarlo sin dudar.

La mayoría de los cómics tienen seis viñetas en cada una de sus páginas, ese es el número «ideal». Pero a los europeos les gusta ajustar hacia arriba y a los americanos hacia abajo, aunque no tanto como a los japoneses.

Un mayor número de viñetas ralentiza la acción. Un combate es casi seguro que utilice pocas viñetas por página, pero todo esto se refiere al ritmo y lo veremos más adelante.

Las tiras de los diarios pueden tener entre una y cuatro o cinco viñetas como máximo. Muchas veces en los suplementos del fin de semana vemos esas tiras convertidas en una historieta a página completa, y casi siempre en color.

Normalmente estas tiras apenas utilizan los marcos de la viñeta para apoyar la ilustración, que suelen ser cerrados y de parecidos tamaños, incluso todos exactamente iguales, como podemos apreciar en esta tira de *Garfield* (Jim Davis).

Cómic: GARFIELD.
Autor: JIM DAVIS.
Editor: UNITED FEATURE SINDICATE.

Podemos diferenciar varios tipos de viñeta según su tamaño o forma.

Por el tamaño. Si distribuimos seis viñetas en una página, dos arriba, dos en medio y dos abajo, serán todas del mismo tamaño y ese es el estándar general de las viñetas. Pero podemos agrandar unas y empequeñecer otras.

Una viñeta pequeña puede encuadrar un detalle significativo de uno de los personajes, o algo del escenario; no necesita mucho tamaño pues es simple y clara.

Cuanto más grandes son las viñetas, mayor es la importancia que adquieren en la historia, y mayor es la información que contienen y, por tanto, el lector se detendrá más tiempo. No obstante, esta regla no siempre es así, ya que algunos combates requieren viñetas grandes pero simples, de rápida comprensión, que dan un mayor dinamismo a la escena.

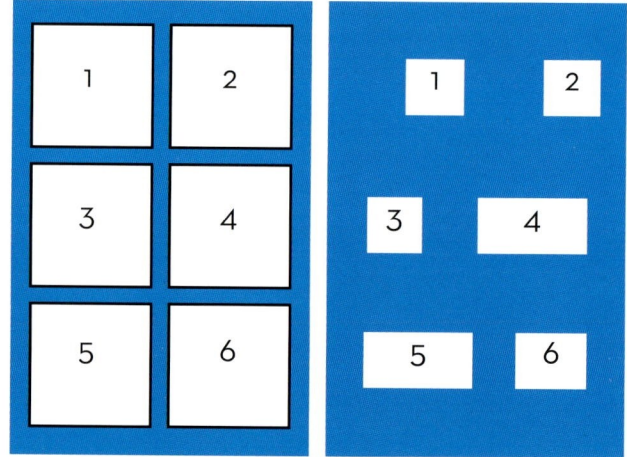

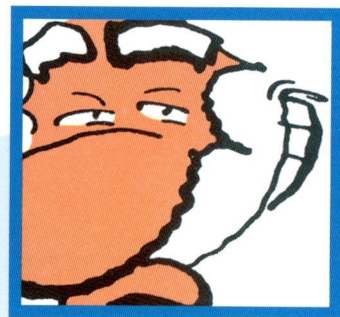

Se escoge un elemento que tenga bastante fuerza. Por ejemplo en este cómic de Jesusito se ha utilizado una viñeta para mostrar la mueca que hace Dios, con la boca. Es una manera de dar mucha fuerza a la imagen y de cambiar el ritmo de la historia.

La viñeta de una sola página se suele utilizar como página inicial, incluyendo el título y los créditos, sobre un dibujo muy bien ambientado. También se usa en páginas finales, o en alguna central e incluso a doble página, cuando sucede algo de gran relevancia en el desarrollo de la trama, normalmente en la zona central del cómic.

Cómic: SPIDERMAN.
Autor: STAN LEE.
Guion: J. M. DEMATTEIS.
Dibujo: LUKE ROSS.
Editor: MARVEL Cómics.

Cuando Spiderman (Stan Lee) logra destruir la jaula electrificada en «Crisis de identidad» es un momento especial, triunfal, y se utiliza toda la página.

Cómic: STARS WARS. Fuerza oscura naciente.
Guion: MIKE BARON.
Dibujo: TERRY DODSON.
Editor: DARK HORSE Cómics.

En otra escena, también de *Star Wars*, dos pequeñas viñetas claras y simples se insertan en una más grande.

Por la forma. En el fondo, la viñeta es como si estuviéramos viendo algo por el receptor de televisión, por ejemplo. Pero el manejo visual de la narración puede potenciarse utilizando distintos marcos que encierren las viñetas, o adoptando formas que acompañen lo que se está narrando.

Viñetas pequeñas dentro de viñetas, viñetas aplastadas, que explosionan, o que se parecen a un bocadillo. Viñetas que van contorneadas con diferentes colores, que intercambian sus formas de redondeadas a rectangulares, viñetas que dejan al aire parte de la imagen y otra parte la cierran con el propio dibujo.

Dentro de una misma historia se puede ir jugando con las formas, incluso dentro de una secuencia de una acción. Ahora bien, tenemos que tener cuidado de no utilizar con exceso este recurso porque puede llegar a interferir en la espontaneidad y claridad de la historia.

Todos los recursos expresivos se deben utilizar con moderación para no cansar al lector y provocar por exceso, el efecto contrario.

Podemos ver en estos ejemplos distintos tipos de estética para abordar la viñeta. En primer lugar, las viñetas alargadas y con punto de fuga como en el *manga Los caballeros del zodiaco* (Masami Kurumada) crean mucho dinamismo. En cambio, el uso de la forma de mira telescópica que hace de recuadro y nos mete de golpe en la piel del tirador en la pecadora *Sin City* (Frank Miller) es mucho más explícito. Por último, en *Spirit* (Will Eisner) el recuerdo de una escena de supuesta conquista está literalmente enmarcado por una guirnalda de flores.

Cómic: LOS CABALLEROS DEL ZODIACO.
Autor: MASAMI KURUMADA.
Editor: SHUEISHA.

Por imaginación que no falte, todo vale a la hora de enmarcar las imágenes, pero la comprensión debe ser fácil, como siempre.

Cómic: SPIRIT. La comida más importante.
Autor: WILL EISNER.
Guion: ALAN MOORE.
Dibujo: DAVE GIBBONS.
Editor: KITCHEN SINK PRESS.

Cómic: SIN CITY. La gran matanza.
Autor: FRANK MILLER.
Editor: DARK HORSE Cómics.

ENCUADRE Y PLANOS

DESPUÉS DE TODO SOY CHAMELEON... Y NO MATO...

A MENOS QUE TENGA UNA MUY BUENA RAZÓN.

Cómic: SPIDERMAN.
Autor: STAN LEE.
Guion: J. M. DEMATTEIS.
Dibujo: LUKE ROSS.
Editor: MARVEL Cómics.

Ya hemos comentado que para ilustrar el contenido de las viñetas se utilizan las técnicas del encuadre parecidas a las del cine o la fotografía. Lo que vamos a meter dentro es una imagen detenida en el tiempo, aunque a veces utilizando recursos como las líneas cinéticas para provocar sensación de movimiento en objetos o personajes. Esa imagen es como una foto y se define principalmente por el punto de vista, la mayor o menor distancia desde ese punto de vista al sujeto principal y los elementos distribuidos en toda la imagen.

Un punto de vista muy bajo, un contrapicado, nos mete en la escena de lleno, añadiendo dramatismo, al estilo de las películas de cine negro.

Por ejemplo, una calle vista desde lo alto de un edificio con las personas diminutas abajo y un punto de fuga anguloso nos hace participar como observadores, quizá para ambientarnos en la primera viñeta de una escena que acaba de empezar.

En esta imagen de *Sin City* el punto de vista bajo, junto al efecto de movimiento, provoca que parezca que nos vamos a mojar cuando el auto aterrice de nuevo en la pista. Podemos ver, también en *Spiderman*, dos viñetas, la más grande picada, a vista de araña y la otra desde la perspectiva opuesta.

Cómic: SIN CITY. La gran matanza.
Autor: FRANK MILLER.
Editor: DARK HORSE Cómics.

Con un plano tan exagerado se crea mucho dinamismo en la historia, de igual manera que pasando de un plano general a un primer plano o en una conversación entre dos personajes cuyas viñetas jueguen con cada uno de ellos: en algunas que salgan ambos, uno de espaldas y otro de frente, por ejemplo —a esto se le llama contraplano—. Hay infinitas formas de crear dinamismo con los planos, buen ritmo y movimiento.

Es interesante mirar muchas películas y tratar de fijarse qué tipo de planos utilizan, cuándo los utilizan y por qué escogen esos y no otros. Toda esa información visual nos va nutriendo y nos da más experiencia a la hora de abocetar nuestra propia historia.

Variar los puntos de vista durante una escena nos da agilidad visual en la narración y sensación de transcurso de tiempo, pero las transiciones entre viñeta y viñeta tienen que estar muy bien estudiadas para que el lector no se pierda en ningún momento; a eso se le llama una buena planificación.

Conseguir un buen resultado depende mucho del tiempo que dediquemos a planificar, a estudiar qué tipo de planos vamos a utilizar en cada viñeta, y con qué intención queremos influir en el lector. Los planos se llaman como en el cine: primer plano, plano medio, plano americano y plano general. Vamos a diferenciarlos claramente con los siguientes ejemplos sacados de *Spawn* (Todd McFarlane).

Plano general.
Se suele utilizar para ambientar y situar dónde y cuándo comienza nuestra historia.
O también a veces al principio de las escenas si el ambiente ha cambiado. Es importante que reúna mucha información y así conseguiremos que el lector se detenga más. Por supuesto, estas viñetas suelen ser más grandes de lo normal, incluso a toda página.

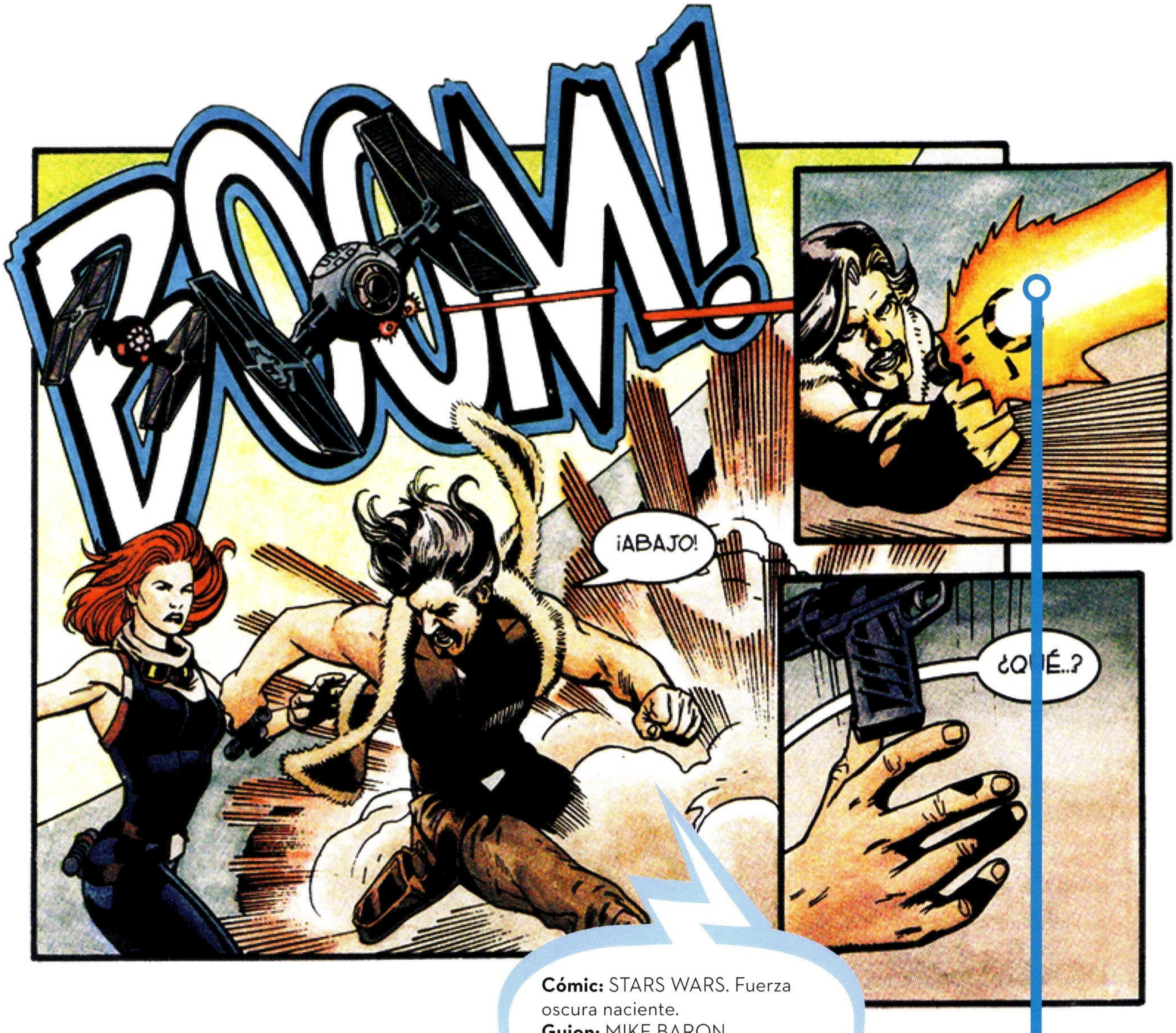

BOOM!

¡ABAJO!

¿QUÉ..?

Cómic: STARS WARS. Fuerza oscura naciente.
Guion: MIKE BARON.
Dibujo: TERRY DODSON.
Editor: DARK HORSE Cómics.

Plano americano.
Se puede decir que el corte del personaje es a la altura de las rodillas. Más abajo nada. Vemos más la figura del personaje que sus expresiones. Va bien para diálogos y casi siempre va acompañado por un segundo plano que complementa la escena.

TENÍA A TODA LA CIUDAD PERSIGUIÉNDOME... TRATANDO DE MATARME. Y CUANDO YA ME TENÍAN...

BAM. YA ESTABA LIBRE.

Y EN MEDIO DE LA INVESTIGACIÓN, ALGUIEN LES SUSURRA AL OÍDO. Y ME VUELVO *ALGO SIN IMPORTANCIA.*

Cómic: SPAWN. La cacería.
Autor: TODD MCFARLANE.
Editor: IMAGE Cómics.

Plano medio.
De cintura hacia arriba. Quizás el más utilizado; también se usa bastante con diálogos. Ya podemos ver las expresiones de nuestro personaje, pero todavía conservamos algunos detalles o elementos que nos suministran información.

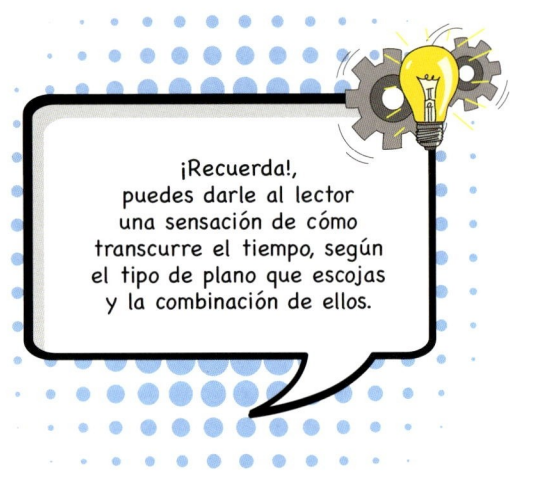

¡Recuerda!, puedes darle al lector una sensación de cómo transcurre el tiempo, según el tipo de plano que escojas y la combinación de ellos.

Un coche sin conductor es visualmente potente y te sitúa con el inicio o el fin de una acción pero sin movimiento.

Si queremos ralentizar una acción durante una conversación importante podemos no variar el tipo de plano, dando la oportunidad a nuestro lector para entender con claridad el texto.

Por ejemplo, tenemos una conversación que se desarrolla entre dos personajes, aquello que queremos contar a través del texto es de mayor importancia que la información que podemos transmitir por los gestos, dibujos o movimientos. En este caso concreto nos interesa no confundir mucho al lector dándole demasiada información, por lo cual prescindimos de utilizar el lenguaje corporal del que ya hemos

hablado anteriormente, de un excesivo dinamismo o mucha variedad de plano, y nos conformamos con utilizar un plano medio, si este es el tipo de encuadre que nos interesa para toda la conversación, durante todas las viñetas.

Existen muchos recursos visuales para crear sensaciones en el marco espacio-tiempo del cómic. Cuando te falta la manera de transmitir el tiempo puedes utilizar otro tipo de herramienta diferente para situar al lector sutilmente y crearle tú un ritmo determinado.

Vamos a ver algunos de ellos.

NECESITABA UNA NUEVA TÁCTICA

REMOVIÓ LA MÁSCARA PARA DEJAR VER LO QUE QUEDABA DE AL SIMMONS.

Cómic: SPAWN. La cacería.
Autor: TODD MCFARLANE.
Editor: IMAGE Cómics.

Los primeros planos tienen que ser muy claros y simples ya que algunos objetos, sacados de su entorno, pueden ser difícilmente reconocibles.

Primer plano.
Nos metemos literalmente dentro del personaje. Pueden ser primeros planos de objetos, pero la mayoría de las veces son de rostros. Son impactantes, pero no debemos abusar de ellos ya que podríamos perder un poco la ambientación y el ritmo narrativo. Todavía se puede acercar más el encuadre; se llaman planos detalle o primerísimo plano.

Cómic: CORTO MALTÉS.
En el nombre de Alá compasivo y misericordioso.
Autor: HUGO PRATT.
Editor: NORMA EDITORIAL.

Plano-Contraplano.
Su propio nombre lo dice. En una escena de una conversación se ve la espalda del que escucha y un plano medio del que está hablando de frente; cuando cambie el diálogo será al reves, y así sucesivamente, como podemos ver en este ejemplo de *Corto Maltés* (Hugo Pratt). Se utiliza para dar información, se busca comprensión por parte del lector; lo importante son las palabras, por eso no hay excesos visuales.

Zoom.
Sirve para acercarnos a un ambiente, provoca la sensación de entrar en esa realidad o, en algunos casos de alejarnos. Lo conseguimos pasando por ejemplo de un plano general a uno americano para acabar con un plano cercano. El zoom viene de la técnica cinematográfica de *travelling*, que es un plano rodado de manera que la cámara se desplaza hacia delante, hacia atrás o hacia los lados.

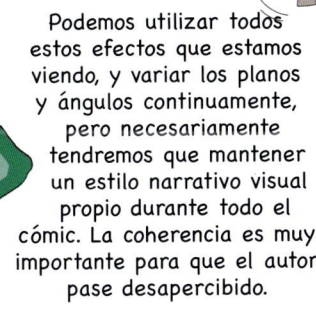

Podemos utilizar todos estos efectos que estamos viendo, y variar los planos y ángulos continuamente, pero necesariamente tendremos que mantener un estilo narrativo visual propio durante todo el cómic. La coherencia es muy importante para que el autor pase desapercibido.

BOCADILLOS Y TIPOGRAFÍA

Hasta ahora hemos visto cómo podemos utilizar las viñetas y las imágenes para contar nuestra historia, pero nos faltan los textos. Si bien es cierto que muchas tiras diarias y algún que otro cómic no los utilizan, lo normal es que haya muchos, de distinto tipo y presentados de formas variadas. Es lo que vamos a ver en el siguiente apartado.

Los famosos bocadillos son una especie de globos situados dentro de la viñeta, o en la página en general, y que contienen en su interior el texto de lo que dice un personaje, o lo que está imaginando. Parecen elementos fáciles de hacer, pero tienen que estar muy bien planificados para no estorbar en el dibujo, y para que no sobre demasiado espacio en blanco o las letras queden apretadas en el bocadillo.

El normal, que es una elipse cerrada con un apéndice que señala al personaje que habla.

El estrellado, o rasgado, que indica que es un grito o exclamación fuerte. En este caso, a veces el apéndice se convierte en un rayo.

El que indica lo que está pensando o soñando un personaje. Tiene forma de elipse pero la línea simula una nube y el apéndice son pequeños círculos de distinto tamaño.

Básicamente hay tres tipos de *balloon*, o globo, como también se les llama.

BIEN... NO HA SIDO DIFÍCIL MEZCLARSE CON LOS DE LA CARAVANA... PERO NO PUEDO QUEDARME CON ELLOS...

Cómic: CORTO MALTÉS. En el nombre de Alá compasivo y misericordioso.
Autor: HUGO PRATT.
Editor: NORMA EDITORIAL.

♪ HASTA EL MÁS CHIQUITO... ♪

Cómic: SPIRIT. El regreso de Estola de Visión.
Autor: WILL EISNER.
Guion: NEIL GAIMAN.
Dibujo: EDDIE CAMPBELL.
Editor: KITCHEN SINK PRESS.

En estos ejemplos vemos a Corto Maltés pensando y a Spirit cantando; los círculos pequeños y el bocadillo sinuoso nos dan esa impresión.

Y EL CABALLERO TENÍA UN ESCUDERO QUE LE SERVÍA FIELMENTE...

Cómic: BATMAN. Equilibrio.
Autor: BOB KANE.
Guion: GREG RUCKA.
Dibujo: PEARSON / HODGKINS.
Editorial: DC Cómics.

...Y EN TODAS LAS CIRCUNSTANCIAS...

SPLASH!

CRACK!

Los bocadillos pueden adecuarse a los conceptos del texto o de la trama. Por ejemplo, los bocadillos «que chorrean» para indicar agua, frío o incluso terror; bocadillos con forma de corazón para toques románticos, bocadillos «rotos» o bocadillos originales como este «con cuernos», que podría valer para un malvado personaje.

Una cartela con forma rasgada por el paso del tiempo nos remonta al pasado en estas viñetas de *Batman* (Bob Kane).

BOOOO

Pero no solo hay bocadillos... también hay textos que van sueltos en la viñeta, eso sí, bien ordenados. Otros se sitúan dentro, en la llamada cartela, que suele ser un rectángulo delimitado, aislado de la imagen, en el que se añade información. Algunos cómics prescinden totalmente de los bocadillos y solo usan cartelas.

Cómic: CALVIN Y HOBBES.
Un mundo mágico.
Autor: BILL WATTERSON.
Editor: EDICIONES B. Grupo Zeta.

En el cómic de *Calvin y Hobbes* vemos cómo Bill Watterson utiliza mucho el recurso del no bocadillo para dar más dinamismo a la historieta.

Cómo se presentan esos textos es un pequeño gran detalle que ayuda a hacer más comprensible la lectura. Estamos hablando de tipografía, que puede utilizar recursos extremadamente visuales, como dar volumen y color a un texto deformado en una onomatopeya, o simplemente bajar el tamaño del cuerpo de la letra para indicar que se está hablando en voz baja, susurrando, o por el contrario subir el tipo de letra para insinuar que el personaje está alzando la voz, e incluso repetir bastante una determinada letra o sílaba para alargar la palabra.

Debemos aprovechar estos recursos para enfatizar lo que se está describiendo. Variar el cuerpo, el tipo de letra, el color, la inclinación, darle volumen y profundidad, empezar con un tamaño y aumentarlo al final para dar la sensación de que el grito va en aumento, o indicar la duración del grito. Hay infinidad de posibilidades.

Estos textos en las cartelas aportan datos complementarios y se deben aprovechar para dar información sobre algo que no exista en la imagen. No es práctico desperdiciar el espacio con datos duplicados.

A continuación tres ejemplos claros en los que jugamos con la tipografía, disminuyéndola, aumentándola y repitiendo letras.

Sin duda, las espectaculares posibilidades de la composición tipográfica por computador nos pueden hacer la vida más fácil, pero en ningún momento sustituirán a una buena planificación de las zonas en las cuales va a ir el texto, integrado en la imagen.

Volvemos a nuestro personaje creado para caracterizar el enfado donde mostrábamos que en los cómics se llegan a exagerar las escenas e historias hasta el punto de clavar cuchillos, dar puñetazos, ahogar con almohadas y decir toda clase de barbaridades solo con unos pequeños dibujos dentro de un bocadillo.

Cómic: SPIRIT. Domingo en el parque con San Jorge.
Autor: WILL EISNER.
Guion: JIM VANCE.
Dibujo: DAN BURR.
Editor: NORMA EDITORIAL.

Y también, volvemos a *Spirit*. El que recibe el impacto del objeto lanza improperios representados por diversos símbolos: se pueden utilizar miles de recursos distintos, estrellas, calaveras, nubes, borrones, etc. El que recibe el disparo grita por el impacto, «AARRR».

Cómic: DRAGON BALL.
Autor: AKIRA TORIYAMA.
Editor: SHUEISHA.

En *Dragon Ball* (Akira Toriyama) el personaje grita en el primer párrafo, y todavía grita más con el aumento de letra en el segundo. Todo apoyado por la forma estrellada del bocadillo.

Cómic: ANACLETO agente secreto.
Autor: MANUEL VÁZQUEZ.
Editor: ESCUELA BRUGUERA.

Las onomatopeyas. Si hay algo que no existe ni previsiblemente existirá en los cómics tal y como hoy los concebimos es el sonido. Las letras adquieren un especial significado sustituyendo el sonido para representar explosiones, disparos, besos, golpes, cualquier cosa que emita sonidos. Incluso hay personajes que se meten en la misma onomatopeya de la explosión como es el caso de *Anacleto agente secreto*. O el sonido del carro que se estrella en *Spawn*.

Es una herramienta muy importante saber expresar los sonidos a través de distintas imágenes o maneras de componerlas. Utilizar colores fuertes y vivos para crear mayor sonido, dibujar la letra con un contorneo muy exagerado o incluso utilizar una tipografía con un único color, el negro, y hacer las letras muy fuertes y de palo son recursos que pueden servir para intuir y expresar un tipo u otro de sonido.

¡¡¡BOOOOMM!!!

Cómic: SPAWN. La cacería.
Autor: TODD McFARLANE.
Editor: IMAGE Cómics.

SVASH

LA PAREJA NO SUPO QUÉ FUE LO QUE LES PEGÓ, PERO HABÍAN GOLPEADO ALGO A 87 K.P.H.

¡¡No lo olvides!! Los colores, la negrita, escoger un tipo u otro de tipografía, y muchos más recursos te ayudarán a expresar los sonidos.

KABOOM

Cómic: CORTO MALTÉS.
En el nombre de Alá compasivo
y misericordioso.
Autor: HUGO PRATT.
Editor: NORMA EDITORIAL.

Cómic: SIN CITY. La gran matanza.
Autor: FRANK MILLER.
Editor: DARK HORSE Cómics.

Cómic: SIN CITY. La gran matanza.
Autor: FRANK MILLER.
Editor: DARK HORSE Cómics.

Hay quienes piensan que no hay que abusar de las ono-matopeyas, y que solo se deberían admitir algunas, pero esta es una batalla perdida, y si no que se lo digan a los japoneses, quienes gustan de ponerle texto a sonidos tan sutiles como el ruido del agua en una pequeña fuente o, incluso, al silencio. Sin embargo, normalmente las ono-matopeyas se utilizan en combates o expresiones de miedo, dolor o emoción de los protagonistas. Solo para los dis-paros existen múltiples formas: por ejemplo, cuando sale la bala o cuando impacta. Lo podemos ver de nuevo en *Corto Maltés* donde hemos puesto las onomatopeyas en rojo para que se vean bien, en esta página «sin palabras». Lo complementamos con otros dos ejemplos de *Sin City*, uno de ellos con el sonido de la flecha: THUNK.

ALEGRÍA · DESEO · PENA · IRA · MIEDO · TERNURA · SORPRESA · ASCO · LÁSTIMA

LAS EMOCIONES

Las diferentes emociones que tenemos o sentimos las mostramos sobre todo a través de la expresión facial. Estudiar los diferentes gestos delante de un espejo puede ser un ejercicio imprescindible a la hora de conocer las distintas maneras de expresar las emociones en los rasgos faciales.

Elegir un personaje y practicar sobre él las distintas expresiones es un ejercicio importante a la hora de aprender a dibujar cómic, ya que eso nos dará una mayor soltura para aplicar dichos gestos en cualquier otro personaje.

Los gestos, ademanes, posturas, reacciones temperamentales... son las distintas formas en las que se expresan las emociones, y al dibujarlos se llega a conocer al personaje o a los personajes.

Las herramientas o trucos que se utilizan para expresar cada emoción son los mismos para los distintos personajes. La preocupación, la pena, la ira... se dibuja de la misma manera en un anciano que en un niño, o en un animal. De la misma manera que es posible el ensanchar y alargar la cabeza, sea cual sea nuestro personaje escogido, para dar más fuerza a las expresiones de cada emoción.

Primero tenemos que definir muy claramente qué emoción nos hemos propuesto dibujar; si tenemos alguna duda debemos mirarnos al espejo antes y simular dicha emoción para asegurarnos bien de que la conocemos perfectamente.

Una vez que esté bien definida hacemos un esbozo en un papel reflejando la disposición del cuerpo, de las extremidades –piernas y brazos– y de las manos, y trazamos la línea de movimiento para poder guiarnos sobre una línea imaginaria de acción.

Aunque ahora utilicemos un solo dibujo de ejemplo por cada personaje, a la hora de dibujar una historia de un cómic no debemos transmitir una emoción en una sola fase o viñeta, porque puede quedar fría e irreal la expresión, no del personaje sino de la historia en sí. Solamente cuando exista en la propia historia una razón o motivo, lo haremos sin preocuparnos.

Es mucho más expresivo e informativo ver poco a poco cómo alguien se va enfadando que de repente verlo gritando y fuera de sí.

Explicaremos qué herramientas y recursos podemos aplicar para plasmar emociones como alegría, tristeza, sorpresa, enfado y preocupación. Luego hay miles de variaciones pero estarían dentro de las ya mencionadas.

Cómic: CALVIN Y HOBBES.
Un mundo mágico.
Autor: BILL WATTERSON.
Editor: EDICIONES B. Grupo Zeta.

SORPRESA

Una de las expresiones más comunes en los distintos cómics es la sorpresa. Este recurso llena páginas y páginas; se utiliza para acabar historias, para comenzar otras, para dar más vida y expresividad al dibujo, y por supuesto se puede sacar mucho partido de él, al plasmarlo muy exagerado.

La sorpresa, igual que otras expresiones, se refleja claramente en el rostro, en las manos, en el cuerpo. Unos ojos bien abiertos, unas manos tapando la boca, unas cejas arqueadas hacia arriba, etc., son claros ejemplos de sorpresa. Cuando estás dibujando un personaje cualquiera quieres que ese personaje cobre vida, que despierte en el lector curiosidad o simpatía, o incluso antipatía, cualquier cosa mejor a que dicho personaje pase inadvertido. Por esta razón no debemos quedarnos cortos a la hora de exagerar una expresión; en este caso concreto que nos ocupa, exagerar una cara de sorpresa, o unas manos en la cabeza...

Buscamos un modelo masculino, un hombre de unos cuarenta años; podemos imaginar cualquier situación, por ejemplo, es domingo por la tarde y está viendo el fútbol. De repente hay una jugada extraña, algo sorprendente, él se levanta del asiento y gesticula abriendo bruscamente los ojos y la boca expresando su disconformidad o sorpresa y también mueve las manos levantándolas a la altura de la cabeza.

1 Dibujamos unos círculos que simulen la cabeza, los codos, las manos... y trazamos sobre ellos unas líneas para marcar la dirección de la figura.

2 Los ojos grandes y abiertos típicos de una cara que se sorprenda.

3 Las manos a la altura de la cabeza, dando movimiento y caracterizando más la expresión elegida.

4 Podemos añadir unas líneas que simulen el movimiento y la acción.

Podemos poner otros ejemplos creando nuevos personajes. Una niña de unos doce años que se sorprende al ver algo que al mismo tiempo le asusta: el jarrón que su madre más apreciaba se ha hecho añicos. Jugando en el salón de su casa y, sin malicia, se le ha caído al suelo. La cara de la niña mostrará sorpresa porque no se lo esperaba y un poco de miedo por las consecuencias que pueda tener. En este caso el movimiento de las manos será sencillamente el de taparse la boca; no se debe mostrar más acción porque la propia sorpresa la ha paralizado.

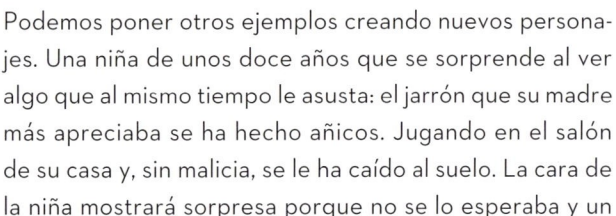

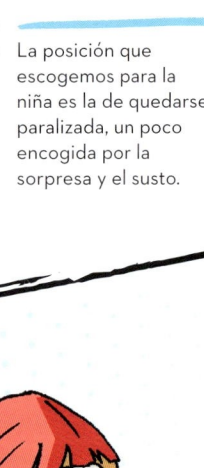

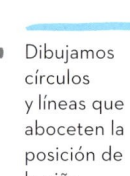

1 Dibujamos círculos y líneas que aboceten la posición de la niña.

2 La posición que escogemos para la niña es la de quedarse paralizada, un poco encogida por la sorpresa y el susto.

3 Las manos tapando la boca ayudan a caracterizarla más, sin olvidarnos por supuesto de los ojos exageradamente abiertos.

En ocasiones la sorpresa puede ser mucho mayor, un susto terrible, algo totalmente inesperado. En estos casos exageraríamos mucho más, podríamos incluso dibujar un personaje que representase conocidas expresiones como «del susto se echó para atrás», «se cayó al suelo del susto». Hagamos ahora un dibujo de una chica joven, dibujo que muestre a la chica por los aires.

1 Dibujamos unos círculos que representen la cabeza y el cuerpo, y unas líneas que muestren la dirección del movimiento.

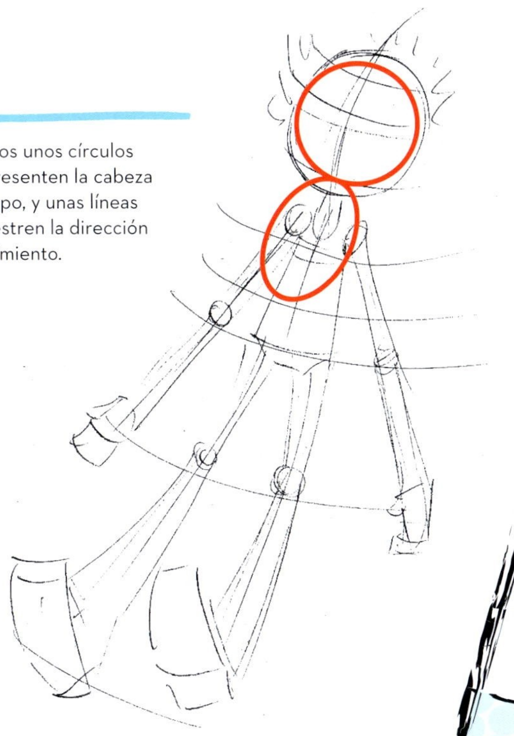

3 Podemos utilizar el recurso de repetir los trazos de los brazos, las piernas y los pies para plasmar la sorpresa y rapidez del movimiento.

2 Exageramos los ojos y la boca, abriéndolos en exceso.

4 Dibujamos la sombra del personaje a una cierta distancia, mayor o menor según cómo queramos exagerar la escena.

Algunas veces nos encontramos con algo que nos sorprende y nos revuelve por dentro; en estos casos es cuando uno puede incluso llegar a quedarse blanco, «se ha quedado blanca del susto», o petrificada, «se ha quedado petrificada del susto» o en blanco, «se ha quedado sin poder decir ni mu».

Vamos a dibujar un ejemplo en color de una chica cuyo asombro es tan grande que ha llegado a cambiar incluso el color de su piel. El mundo del cómic es un mundo de fantasía e imaginación, donde apoyándonos y basándonos en nuestra realidad creamos otra magnificándola, donde la fantasía y la imaginación tienen que estar presentes en cada viñeta para dar vida, expresión y movimiento a los personajes.

2 Abrimos los ojos y la boca otra vez, exagerando la realidad, y arqueamos las cejas para mostrar asombro y sorpresa. Exploramos cada posibilidad de movimiento o gesticulación para llevarla a la práctica.

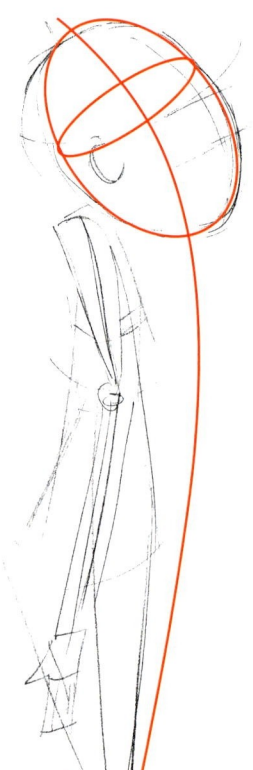

1 Empezamos definiendo la emoción que nos hemos propuesto representar y, una vez que la tengamos clara, esbozamos la figura mediante círculos que representen la cabeza, los codos, etc., y líneas que representen el cuerpo, los brazos, etc.

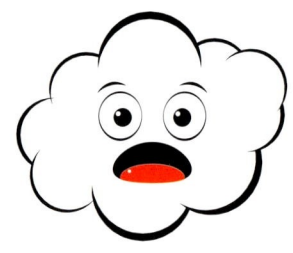

3 Perfilamos más las líneas buscando la figura definitiva. Hemos escogido representar una figura que esté completamente parada, petrificada, con lo cual la expresividad no la podemos encontrar en el movimiento pero sí nos lo puede facilitar el dibujar las manos en una posición que transmita estar estático.

¡¡¡AAAAAH!!!

4 Una vez perfilado el boceto procedemos a darle el color que deseamos resaltando las sombras y los colores. Podemos colocar algún elemento que sea el causante de nuestro asombro, como un fantasma, un ratón, etc.

5 Podemos poner un bocadillo a nuestro personaje o dejar el texto sin bocadillo, para lograr mayor sensación de grito y fuerza.

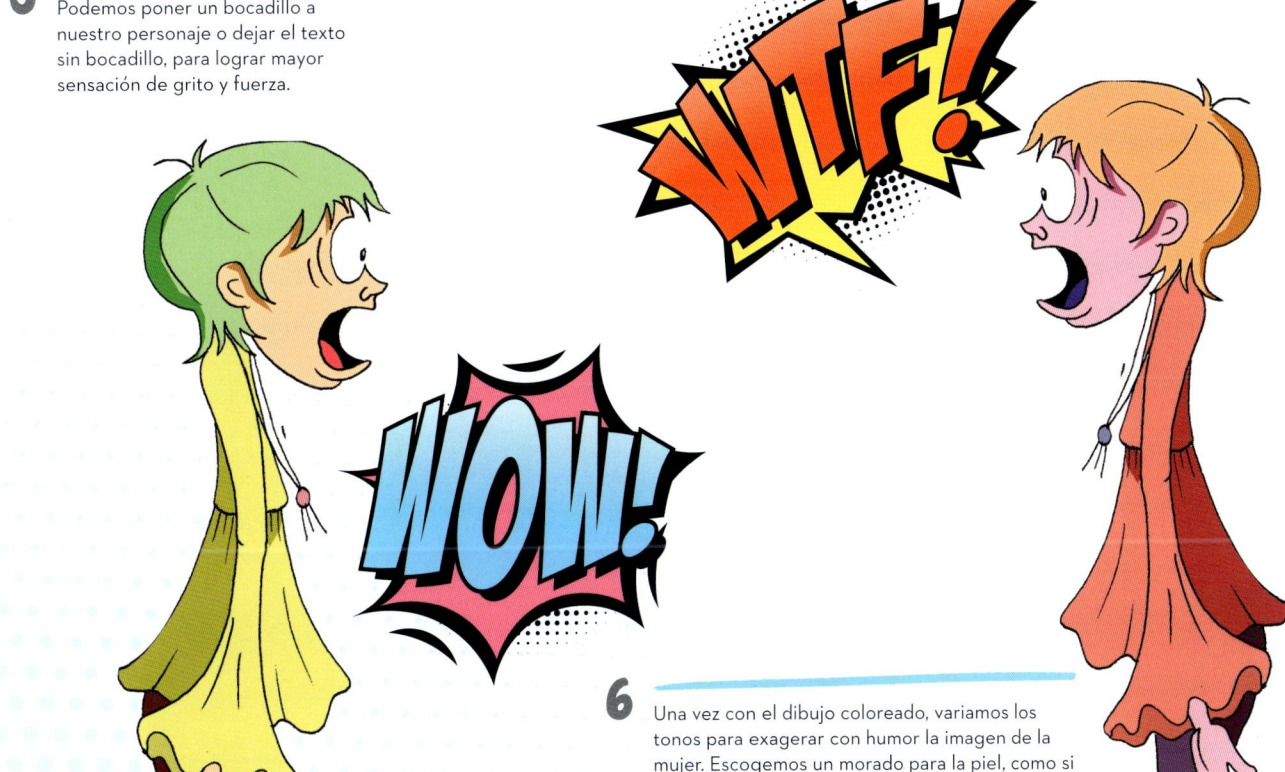

6 Una vez con el dibujo coloreado, variamos los tonos para exagerar con humor la imagen de la mujer. Escogemos un morado para la piel, como si estuviese congestionada, y la lengua la podemos colorear de azul o verde, algo irreal que pueda dar vida a la emoción del personaje.

De vez en cuando la emoción de sorpresa puede provocar nervios, desencadenar un estado de expectativa, de incertidumbre: ha ocurrido algo, pero, ¿el qué? Esta emoción se puede caracterizar muy bien: ojos bien abiertos, comerse las uñas, mover una pierna insistentemente, etc. Vamos a dibujar un personaje cualquiera, un niño, y expresemos en su cara ese estado de nervios, de asombro, de expectativa.

2 Abrimos bien los ojos, y la boca, en vez de abrirla exageradamente como en otros ejemplos, la dibujamos cerrada y ponemos las manos sobre ella para simular que se muerde las uñas.

1 Señalamos las líneas y círculos correspondientes a la figura para que marquen un poco cómo va a ser el personaje, y sobre ese boceto dibujamos las manos, las rodillas, los pies...

3 Podemos dibujar los ojos con la pupila centrada, rodeándola de blanco por todas partes para que dé mayor realismo y expresividad.

Dejar el rostro blanco no tiene nada de expresividad ni de fuerza.

4 Coloreamos el rostro de diferentes tonos para tener bien claras las distintas posibilidades y observar las diferencias. Exageramos los rosas y rojos para simular un estado de vergüenza, de nervios, pintamos el rostro amarillo y un aura a su alrededor. Por último probamos cómo quedaría plasmado en el papel el quedarse blanco.

En otras ocasiones el susto o la sorpresa es tan grande que *«te echa para atrás»*. Dibujemos un personaje completamente horrorizado.

Imaginemos la cara que pondría si abriese una puerta y se encontrara a un león que le mira, abre la boca y da un fuerte rugido. ¿Cómo reaccionaría nuestro personaje?, ¿qué cara pondría?

Sería interesante que antes de dibujar cualquier escena o personaje nos parásemos un momento a imaginar cómo sería ese momento concreto en la realidad: visualizar qué pasaría, visualizar la cara que pondría una persona, sus manos, su cuerpo y, una vez que tuviésemos claro qué pasaría en la realidad, plasmarlo exagerándolo y fantaseando con ello.

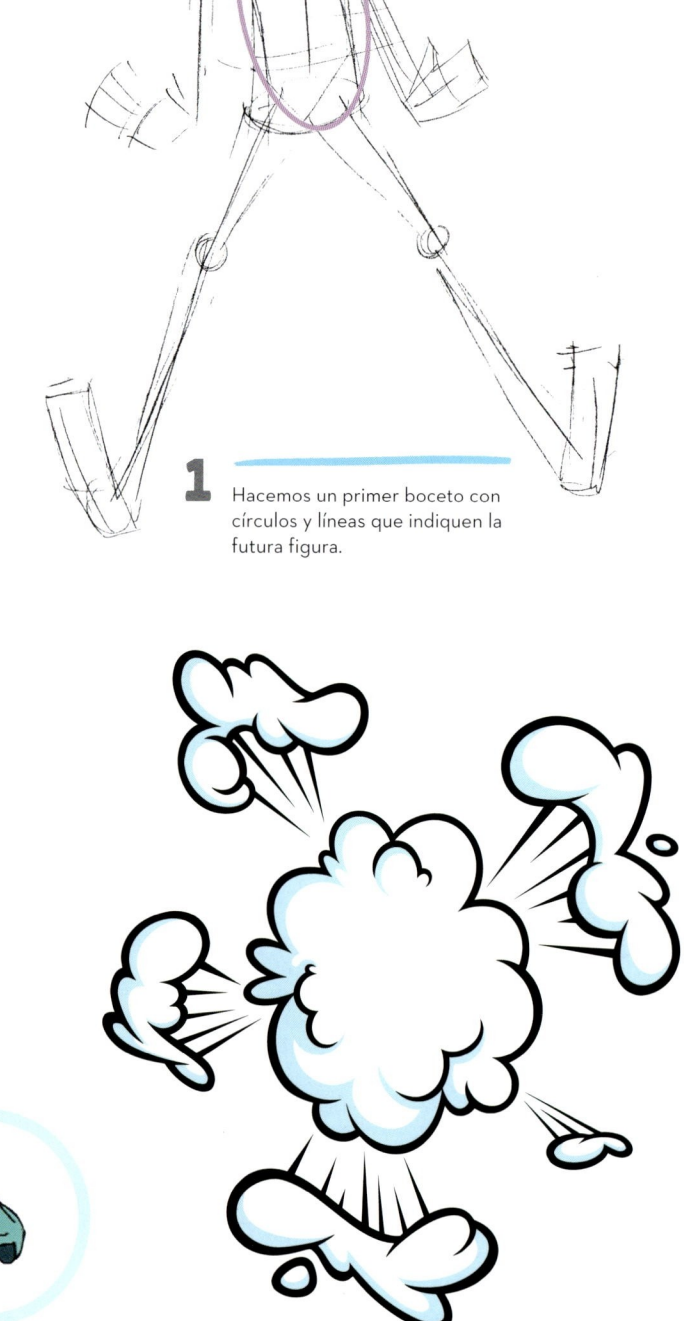

1 Hacemos un primer boceto con círculos y líneas que indiquen la futura figura.

2 Dibujamos las manos y los pies como si se hubiesen encontrado enfrente un muro o algo que los frenase.

Movimiento y sorpresa.
Se aplican líneas a los dos
partícipes de la escena
para dar más credibilidad
y movimiento.

¿¡QUÉEEEEEE!?

3 El pelo lo dibujamos hacia
arriba, como si estuviese
de punta.

4 Para dar completo realismo a la escena
utilizamos unas líneas que ayuden a
marcar el movimiento del personaje.
Al mismo tiempo le damos un color
distinto a los ojos, para exagerar la
mirada con el amarillo.

En la reacción o emoción de sorpresa puede ocurrir casi cualquier cosa. Tal y como hemos dibujado antes, el personaje puede quedarse petrificado o paralizado, o puede saltar por los aires. Pero también es posible que los ojos se lleguen a salir de las órbitas, o que pierda los zapatos o las gafas.

Cualquier cómic, cada uno con su propio estilo, más o menos realista o más o menos cómico, utiliza la emoción o expresión de sorpresa como una de las principales herramientas para hacer que los personajes estén «vivos». Levantar las cejas, abrir los ojos exageradamente, abrir las manos, levantar los brazos, quedarse perplejo y paralizado en el suelo, levantarse en el aire a unos cuantos centímetros del suelo... son algunos de los recursos pictóricos que podemos utilizar para expresarla.

1 Comenzamos abocetando la figura con unos círculos que marquen la cabeza, los pies, las rodillas, los hombros... y señalamos las líneas respectivas de unión entre ellos.

2 Dibujamos los zapatos en el suelo y al personaje en el aire, como si hubiese dado un brinco. Para dar la sensación de velocidad trazamos unas líneas en la dirección del movimiento.

La distancia del brinco tiene que ser exagerada, pero si representamos una distancia que un hombre no pueda alcanzar, el dibujo no quedará bien.

El recurso de levantar al personaje del suelo, ya sea al empezar la huida, o a la hora del susto o sorpresa, es muy recurrido. En este ejemplo, podemos ver cómo las piernas de Calvin permanecen en el aire justo cuando se dispone a reaccionar.

Cómic: CALVIN Y HOBBES. Un mundo mágico. **Autor:** BILL WATTERSON. **Editor:** EDICIONES B. Grupo Zeta.

3 Conseguimos una gran expresividad en los ojos de nuestro personaje, al exagerar la apertura y cuando sobresalgan del rostro. Abrimos la boca y le dibujamos unas gotitas de sudor. El pelo lo representamos de punta y las manos bien abiertas.

¡¡¡WOOOOOW!!!

4 La incidencia de la luz al aplicar el color le aporta volumen y dramatismo al personaje por el contraste claro-oscuro.

ENFADO E IRA

¡¡¡GRRR!!!

Otra de las emociones más representativas y muy importante a la hora del dibujo del cómic es el enfado o la ira.

Numerosas viñetas han provocado risas en los lectores solo al ver el dibujo de algunos de sus personajes preferidos muy enfadados.

Podemos rememorar cómo los endiablados hermanos Zipi y Zape, con sus continuas travesuras, volvían loco a su padre, que acababa siempre enfadado, gritando y corriendo detrás de ellos para darles una lección. O un cómic más actual, *Calvin y Hobbes;* nuestro travieso Calvin consigue enfurecer siempre a su compañera de colegio Susie. Además del punto de vista cómico, el enfado y la ira han sido las bases de la creación de historias basadas en luchas de superhéroes con un punto de vista más mitológico, o incluso real.

El enfado exagerado y los ataques de ira son recursos muy utilizados en el cómic. Se llegan a dibujar en las viñetas escenas tan exageradas como padres persiguiendo a sus hijos con un televisor en los brazos para tirárselo a la cabeza, mujeres esperando a sus maridos detrás de una puerta para darles un golpetazo con la sartén, héroes pegando puñetazos en la mandíbula y sacando disparados por los aires a sus víctimas. Complementos de los personajes, como martillos golpeados con fuerza, agitan hasta el escenario más sosegado. La emoción mueve al protagonista y las líneas del movimiento apoyan la acción y transmiten ira.

Estas, y otras muchas, son típicas escenas que apoyándose en el enfado, la ira o la pelea, puedes encontrar fácilmente en los cómics porque es un recurso muy real y expresivo.

A la hora de crear un personaje nos podemos servir de revistas, observarlas y tomar prestadas ideas de las prendas de vestir, de los distintos peinados, de los accesorios. Nos centraremos más adelante en todo ello, ahora simplificamos los personajes y nos centramos en los rasgos importantes.

Cómic: CALVIN Y HOBBES.
Un mundo mágico.
Autor: BILL WATTERSON.
Editor: EDICIONES B. Grupo Zeta.

Vamos a comenzar dibujando un tipo de enfado no muy
agudo o acentuado; un personaje resignado o simplemente indignado y de mal humor.

1 Dibujamos los correspondientes
círculos y líneas que esbozan la
figura.

2 Marcamos las cejas
y arqueamos la boca.
Representamos al personaje
con los brazos cruzados,
que es una postura típica
de cuando uno está
preocupado o resignado.

3 Perfilamos el dibujo para luego
darle color.

Hay enfados que «*pueden llegar a las manos*». Vamos a imaginar una escena en la que participe una niña. Está en el colegio, en el recreo; su compañera de pupitre a la que ella odia, porque siempre le está molestando, acaba de quitarle sus apuntes y le amenaza con tirarlos a un charco. Nuestro personaje se va enfureciendo; cada vez que la otra niña le hace burla, ella va perdiendo más los nervios y tiene más ira. La boca se desencaja, el cuerpo adopta una posición de ataque, los ojos se hacen más pequeños y el entrecejo se acentúa. Ahora tratemos de representar a nuestro personaje.

1 Dibujamos un primer boceto, trazando círculos y líneas que indiquen la figura.

2 Marcamos bien las cejas cayendo hacia el entrecejo, acentuándolo.

3 Dibujamos la boca con tensión, mostrando los dientes y simulando que están presionando unos contra otros. Esta es la típica posición del enfado y de la ira.

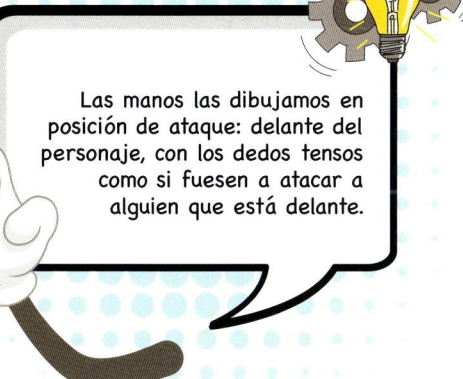

Las manos las dibujamos en posición de ataque: delante del personaje, con los dedos tensos como si fuesen a atacar a alguien que está delante.

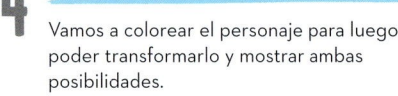

4 Vamos a colorear el personaje para luego poder transformarlo y mostrar ambas posibilidades.

5 Si estamos dibujando una tira de cómic podemos mostrar al personaje primero con los tonos normales y luego darle una transformación de color. A medida que la niña se vaya enfadando más y más, podemos ir tiñendo el rostro con rojo y luego violeta. Este recurso sirve para exagerar y magnificar su enfado.

6

¡Y se llegó a las manos! Movimiento en las manos y desenlace de la escena del suelo.

POW!

El enfado puede ser unilateral, bilateral o incluso un enfado comunitario. Muchas historietas están basadas en el enfrentamiento o en el enfado. Cada capítulo muestra uno diferente. Vamos a imaginar dos personajes que tengan una relación no muy estrecha pero sí lo suficiente para que se vean todos los días: por ejemplo, una casera y un inquilino. Podríamos inventar una historia en la que los dos fuesen protagonistas y que se basase en los encuentros entre ellos, o mejor dicho en los desencuentros o discusiones.

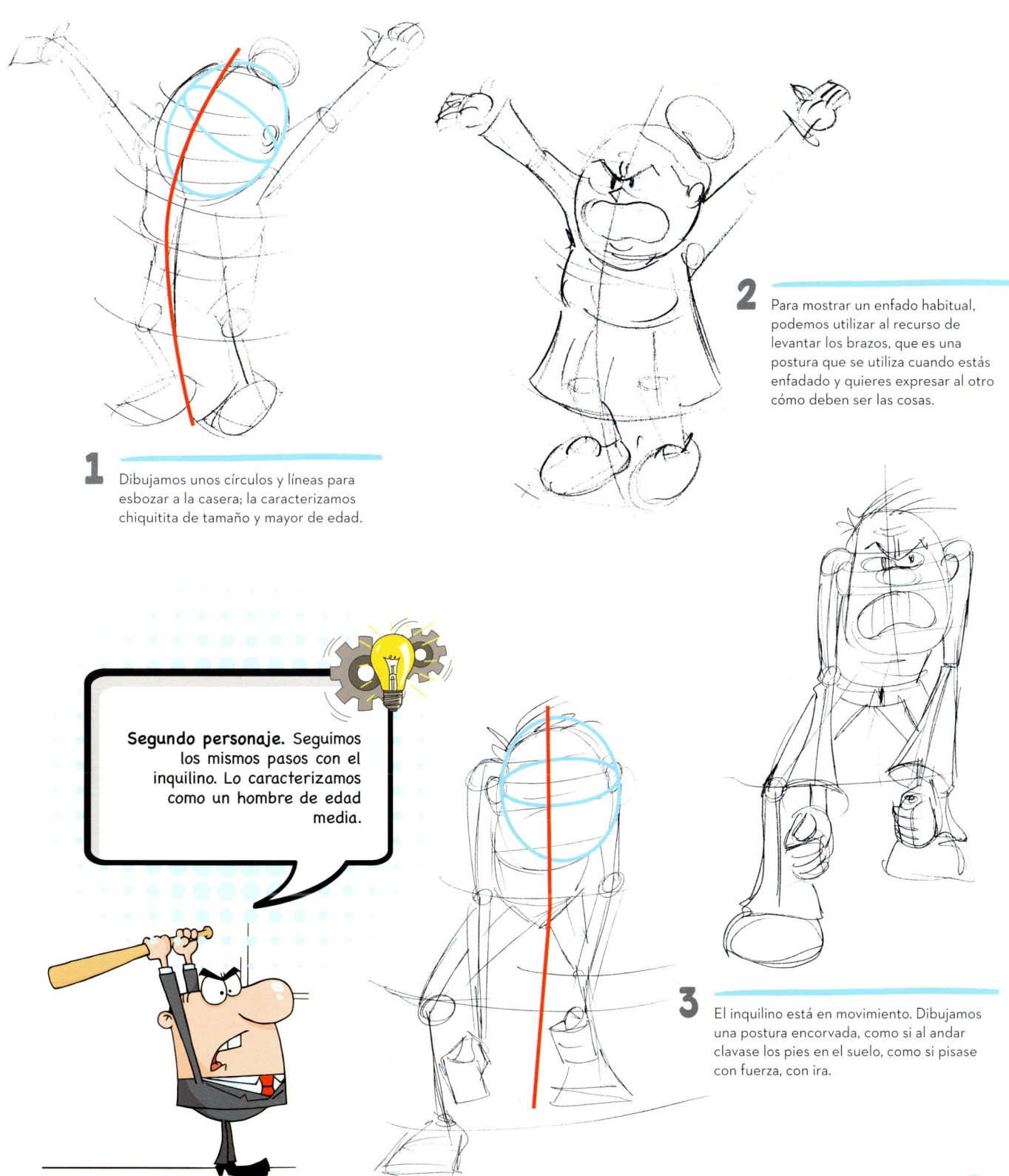

2 Para mostrar un enfado habitual, podemos utilizar al recurso de levantar los brazos, que es una postura que se utiliza cuando estás enfadado y quieres expresar al otro cómo deben ser las cosas.

1 Dibujamos unos círculos y líneas para esbozar a la casera; la caracterizamos chiquitita de tamaño y mayor de edad.

Segundo personaje. Seguimos los mismos pasos con el inquilino. Lo caracterizamos como un hombre de edad media.

3 El inquilino está en movimiento. Dibujamos una postura encorvada, como si al andar clavase los pies en el suelo, como si pisase con fuerza, con ira.

4 Acentuamos muy claramente las dos arrugas que se forman en el entrecejo y exageramos las cejas pegándolas a los ojos e inclinándolas hacia la nariz.

5 Podemos intensificar más los colores en la cara, si queremos, o en el entrecejo.

6 Vamos perfilando el dibujo y marcando más cada rasgo. La boca la abrimos para que se vea cómo los dientes se aprietan unos contra otros, y dibujamos los ojos achinados por la rabia y la ira.

7 A la hora de darle color pintamos de rojo el rostro, exagerando así la ira del inquilino.

Ahora que tenemos dos personajes de una posible historia bien definidos, vamos a abocetar un par de viñetas para mostrar cómo empezar a desarrollar un cómic sobre un enfado entre los dos protagonistas. Para conseguirlo, con un lápiz no muy blando, un 2B por ejemplo, creamos el espacio de la viñeta, cuadrado, rectangular o el que encontremos adecuado según el estilo de personaje y dibujo, y sobre cada uno de ellos comenzamos a explorar las diferentes posibilidades del dibujo, valorando el cambio de ritmo, de encuadre, etc.

1 Creamos unas viñetas para escenificar un día cualquiera, un pequeño enfrentamiento entre los personajes elegidos. La puerta de la casa puede ser el lugar donde se inicie el enfrentamiento, el motivo puede ser cualquiera.

2 Juntamos excesivamente las caras para exagerar de esa manera el enfado y la ira. Es un recurso visual que inspira competividad, lucha, enfrentamiento. Los primeros planos de las manos y la boca en actitud desafiante harán el resto.

En la mayoría de los cómics el enfado llega a ser tan exagerado que se dibujan escenas tan extremas como, por ejemplo, tía Ofelia persiguiendo con una escopeta a su amigo Melanio porque no le satisface el regalo que le ha hecho; o, sin ir mas lejos, el hombre de negocios Apolino pegando palazos a su trabajador por haber cometido un error.

Vamos a imaginar una mujer que está muy enfadada con el marido, y que le espera a altas horas de la madrugada despierta y oculta detrás de una puerta para pegarle con la almohada o, exagerándolo más, le deja sin respiración al taparle la nariz y la boca con la almohada.

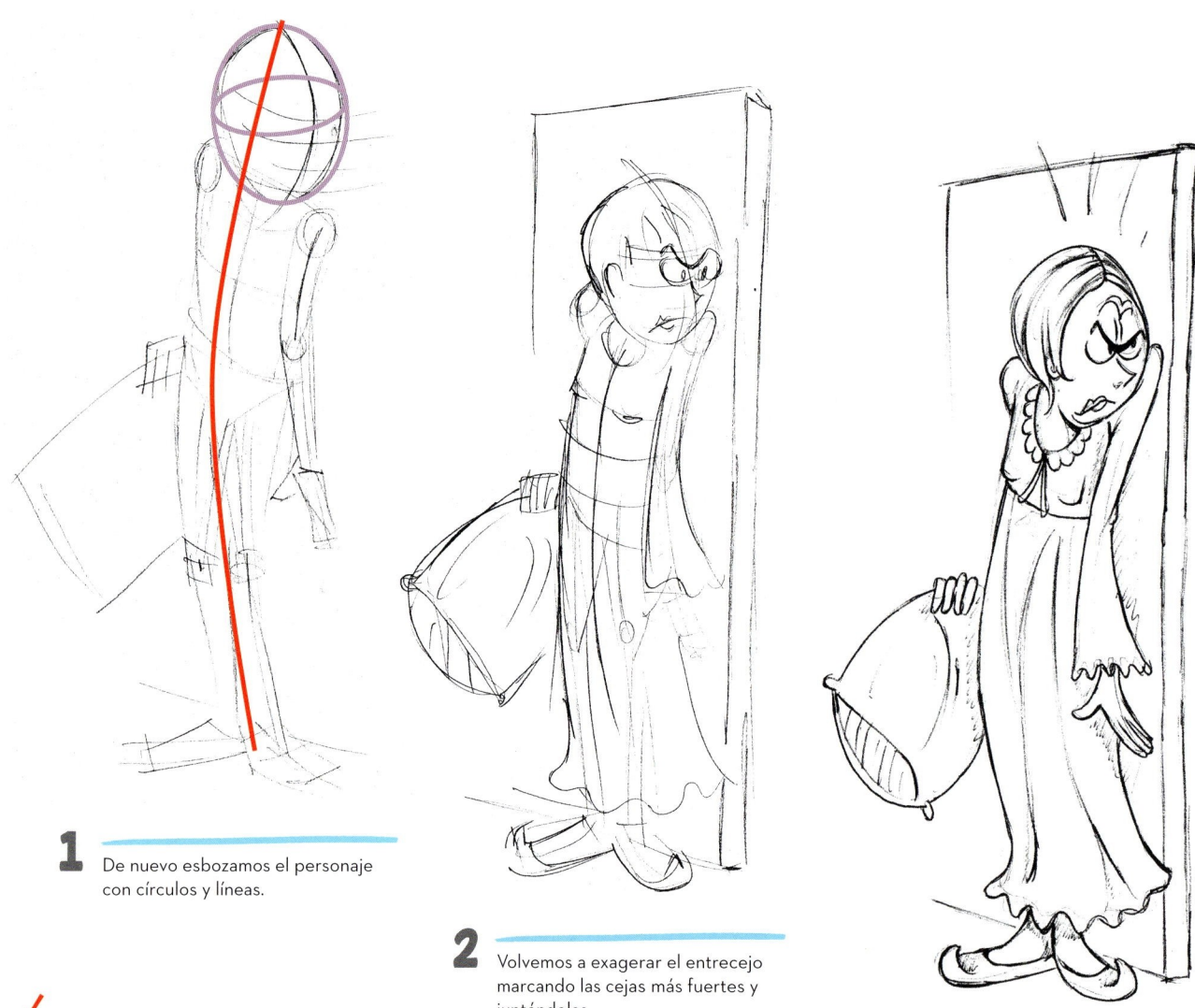

1 De nuevo esbozamos el personaje con círculos y líneas.

2 Volvemos a exagerar el entrecejo marcando las cejas más fuertes y juntándolas.

3 Perfilamos bien el dibujo y, utilizando otro recurso útil para este tipo de enfado marcamos, caída hacia uno de los lados, la boca.

HMMM...........

4 Una vez terminada la línea le damos color al dibujo. Podemos utilizar tonos suaves para el camisón, que contrastan con la agresividad del personaje en ese momento. Siempre que se puedan encontrar recursos que contrasten deben aplicarse porque dan más viveza y originalidad al dibujo.

5 Una vez que le hemos dado color podemos exagerar los tonos de la cara con rojos o morados para mostrar más la ira y el enfado. Generalmente resulta más expresivo y gráfico mostrar una emoción con su respectivo bocadillo. Es típico que aparezca humo o diferentes símbolos dentro de él cuando el personaje está enfadado.

Este personaje está bastante más encolerizado. Se encuentra en una situación extrema y grita, grita tan alto que la temperatura del rostro sube algún que otro grado más. Nos tenemos que imaginar algo que nos llegue a enfurecer tanto que podamos llegar a sentir esa ira y cólera; eso nos podrá ayudar a plasmarlo con más realismo. Por ejemplo un hombre de unos cuarenta años, llega del trabajo y se prepara para estar cómodo y disfrutar del partido de fútbol. Cuando llega al salón y se acerca al televisor ve que la pantalla está completamente pintada de blanco. No se lo puede creer y grita llamando a su hijo pequeño.

1 Abocetamos el personaje buscando una postura diferente a las anteriores.

2 Dibujamos la boca abierta y grande como si estuviese gritando.

3 Le colocamos el brazo simulando que se agarra los pelos.

Postura que hace gala de la común expresión: «está que se tira de los pelos». Hay enfados que literalmente te hacen tirarte de los pelos.

El bocadillo puede ser estrellado; este tipo de bocadillos se suele utilizar cuando se quiere dibujar al personaje gritando.

¡¡VEN!!

4 Jugamos con un degradado en el rostro de tonos rojizos y azulados para exagerar el grado de cólera e ira.

Poner un texto sin encerrarlo dentro de un bocadillo también es un buen recurso gráfico para el grito.

¡¡¡EH!!!

5 Podemos repetir algunas letras, alargando la duración de la palabra para jugar con el factor tiempo y crear así sensación de grito.

Vamos a poner el último ejemplo de enfado e ira. Para ello, crearemos un movimiento o acción. Dibujamos una mujer joven cuyo enfado le lleva al extremo de desear matar, ahorcar o... a alguien que en ese momento se encuentre en su camino. Podemos representarla corriendo en dirección a la supuesta víctima. Como ya hemos explicado antes, este recurso exagerado de llegar a las manos ha sido utilizado desde los comienzos del cómic hasta nuestros días.

1 Dibujamos la dirección del movimiento y los círculos y líneas correspondientes al boceto del cuerpo del personaje con el cuerpo inclinado hacia delante.

2 Las manos van por delante de la acción. Dirigen la acción y marcan el objetivo.

Es muy importante que el cuerpo mantenga el equilibrio aunque al estar en movimiento, uno de los pies o ambos estén en el aire. Las líneas enmarcan el movimiento.

3

Seguimos exagerando las cejas y la boca. Y congelamos el movimiento del personaje en una sola posición, un pie en el aire y el otro a punto de levantarlo del suelo.

4

Podemos dibujar unas líneas para mostrar el movimiento, el impulso. Estas siempre se colocan en el supuesto recorrido ya realizado, en este caso por detrás del personaje.

5

Volvemos a darle un degradado al rostro de colores rojizos y violetas para mostrar la subida de temperatura por el enfado.

TRISTEZA

La tristeza es otra emoción que vamos a trabajar. Generalmente no se ha utilizado esta emoción como base de invención para una historieta o un cómic. Al contrario que el enfado, la pereza u otras emociones, la tristeza se suele utilizar en casos concretos.

Aunque sí han existido personajes rodeados de desgracias o, simplemente, que todo les salía mal, no era el carácter del personaje sino su entorno lo que se coloreaba de problemas para extraer de ellos un humor negro. Por ejemplo, el personaje Cucufato, que se enamora y todo le sale siempre mal. Es una emoción pasajera, no forma parte del carácter intrínseco de la figura.

Vamos a inventarnos un personaje, una colegiala. Imaginemos una escena que se desarrolle en el colegio. Es la hora del recreo, está jugando a la pelota y tiene la mala suerte de romper un cristal. La profesora le echa la bronca y la amenaza con que le va a suspender. Ella llora de disgusto, es una injusticia y su llantina es más exagerada porque roza la impotencia.

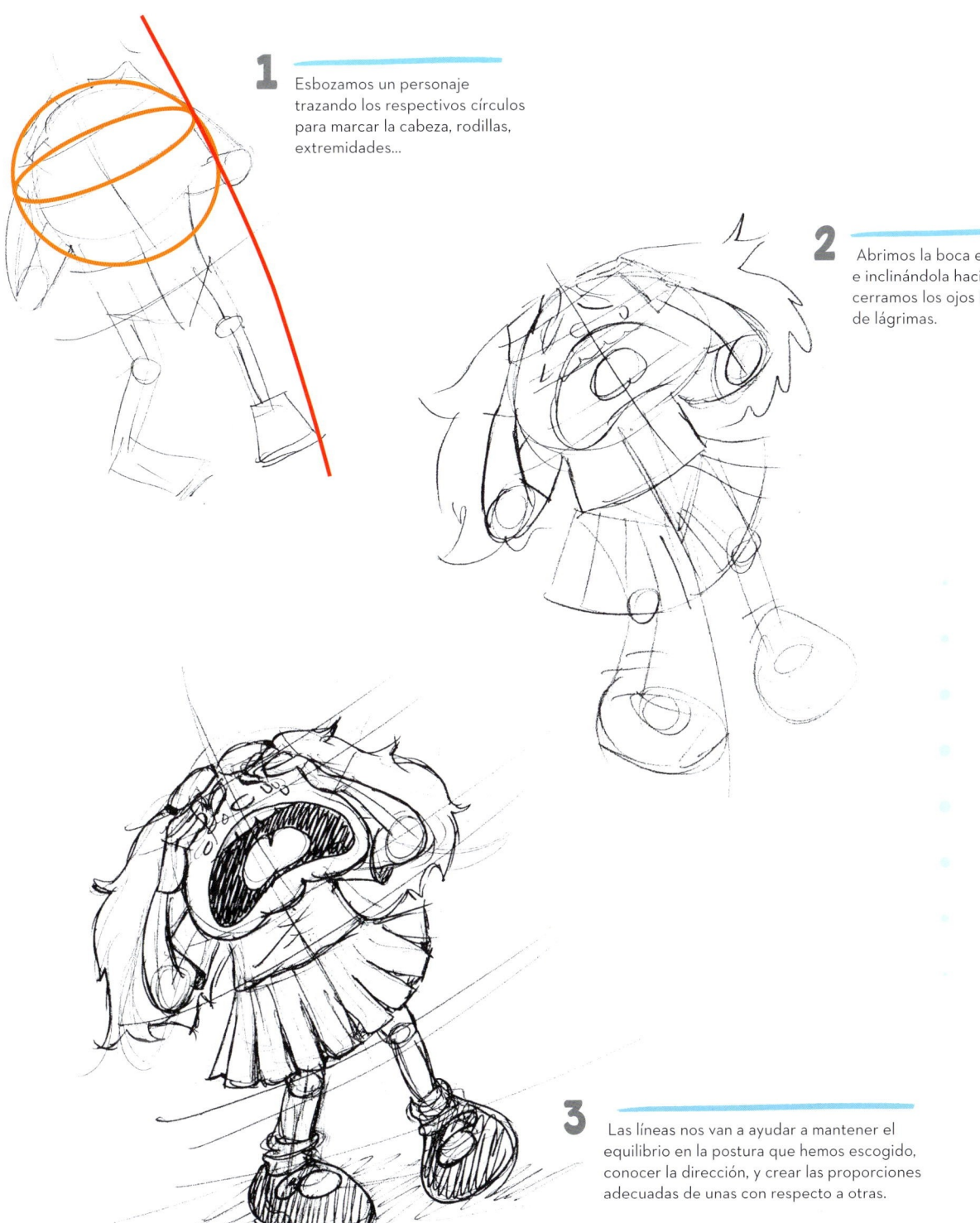

1 Esbozamos un personaje trazando los respectivos círculos para marcar la cabeza, rodillas, extremidades...

2 Abrimos la boca exagerándola e inclinándola hacia abajo, y le cerramos los ojos llenándolos de lágrimas.

3 Las líneas nos van a ayudar a mantener el equilibrio en la postura que hemos escogido, conocer la dirección, y crear las proporciones adecuadas de unas con respecto a otras.

Si quieres exagerar puedes escoger una niña y hacer que tenga una rabieta y no pare de llorar. Dibuja lágrimas y colócale las manos en los ojos.

4 Al ser una niña pequeña le podemos dibujar un uniforme de colegio y la colocamos de pie, agarrándose los ojos con las manos expresando rabieta y dolor.

¡¡¡NOOOOOO!!!

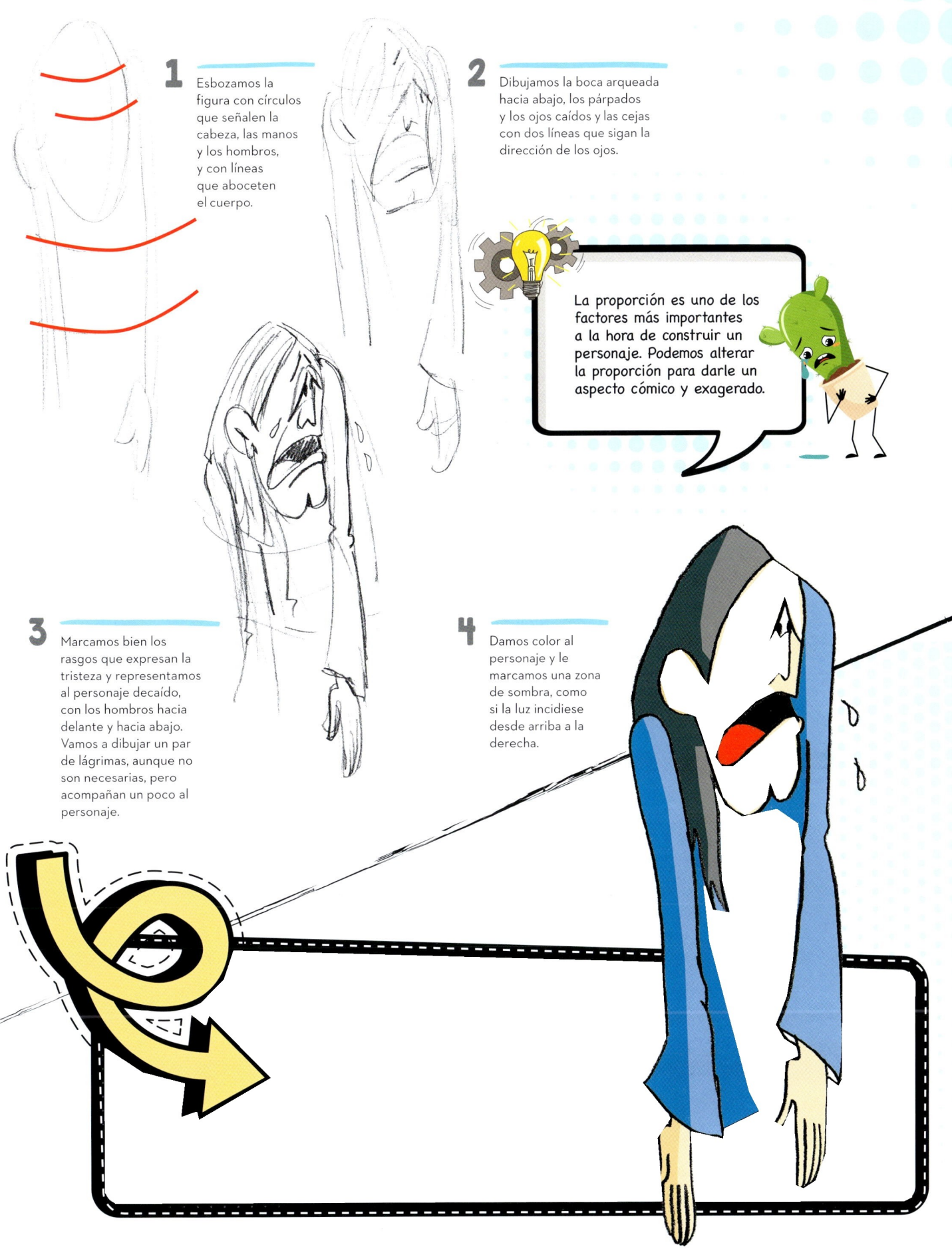

1 Esbozamos la figura con círculos que señalen la cabeza, las manos y los hombros, y con líneas que aboceten el cuerpo.

2 Dibujamos la boca arqueada hacia abajo, los párpados y los ojos caídos y las cejas con dos líneas que sigan la dirección de los ojos.

La proporción es uno de los factores más importantes a la hora de construir un personaje. Podemos alterar la proporción para darle un aspecto cómico y exagerado.

3 Marcamos bien los rasgos que expresan la tristeza y representamos al personaje decaído, con los hombros hacia delante y hacia abajo. Vamos a dibujar un par de lágrimas, aunque no son necesarias, pero acompañan un poco al personaje.

4 Damos color al personaje y le marcamos una zona de sombra, como si la luz incidiese desde arriba a la derecha.

Imaginamos dos personajes, hombre y mujer. Les acaba de ocurrir algo negativo, por ejemplo no pueden seguir pagando un dinero al banco y van a hablar con un responsable. Él puede dialogar, contar su historia tranquilo y relajado pero expresando la tristeza que siente. Ella, más emocional, puede estar callada llorando. Todo esto ocurre dentro de una acción en la que los personajes transmiten sus emociones.

1 Esbozamos las figuras apoyándonos en unos círculos que marquen la posición de las cabezas, las manos, las rodillas, y de unas líneas que vayan abocetando los cuerpos y la dirección de las respectivas figuras.

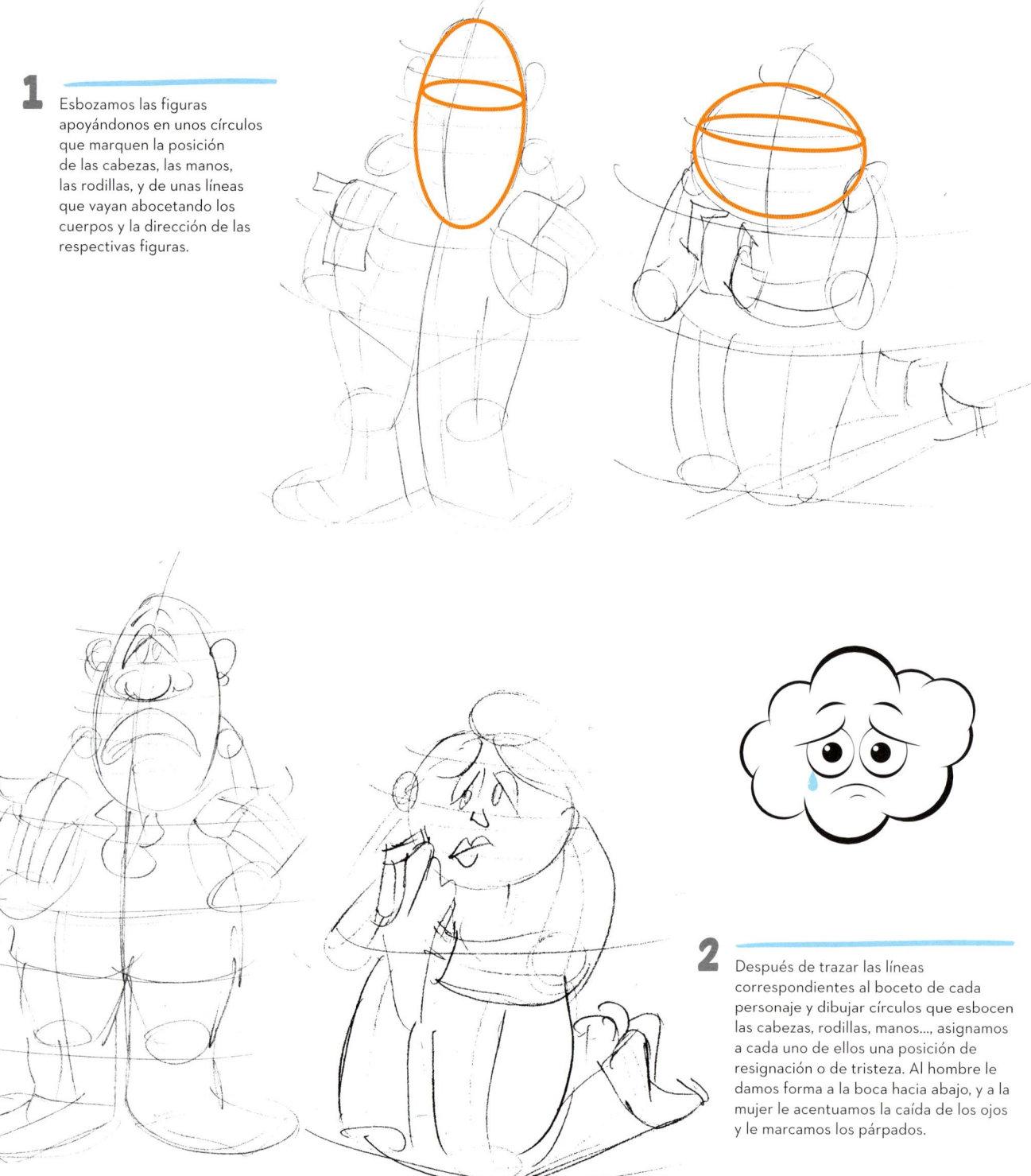

2 Después de trazar las líneas correspondientes al boceto de cada personaje y dibujar círculos que esbocen las cabezas, rodillas, manos..., asignamos a cada uno de ellos una posición de resignación o de tristeza. Al hombre le damos forma a la boca hacia abajo, y a la mujer le acentuamos la caída de los ojos y le marcamos los párpados.

3 Perfilamos las figuras hasta que las líneas y las formas estén bien definidas.

4 Representamos a la mujer llorando agachada. Para adornar la escena podemos dibujar un pañuelo entre sus manos. No nos olvidemos de dibujar unas lágrimas que caigan de los ojos; aunque sea un recurso fácil, en este caso concreto es indispensable.

5 Las manos que dibujamos están abiertas, con las palmas hacia el cielo. Esta es una posición típica de aceptación, de resignarse a lo que hay. Podemos añadir un texto que acompañe a las imágenes que hemos creado.

... si usted lo dice...

SNIFF

SNIFFF...

Un «snifff» puede ayudar en un momento dado si tenemos dudas de haber podido expresar adecuadamente la emoción de tristeza.

Podemos transmitir una emoción al mismo tiempo que se produce una acción.

Por ejemplo, la acción de caminar. No caminaría de la misma manera una persona que estuviese muy alegre que otra que estuviese muy triste. Cualquier personaje que dibujásemos caminando con un estado anímico alegre lo haría más enérgicamente, los pasos serían más

grandes, el cuerpo estaría más enderezado, etc. De la misma manera, un personaje que dibujásemos caminando con un estado anímico triste, lo haría más lentamente, sin tanta energía, con la cabeza un poco caída hacia el suelo y hacia delante.

Imaginemos un hombre mayor que va caminando solo y se siente un poco triste.

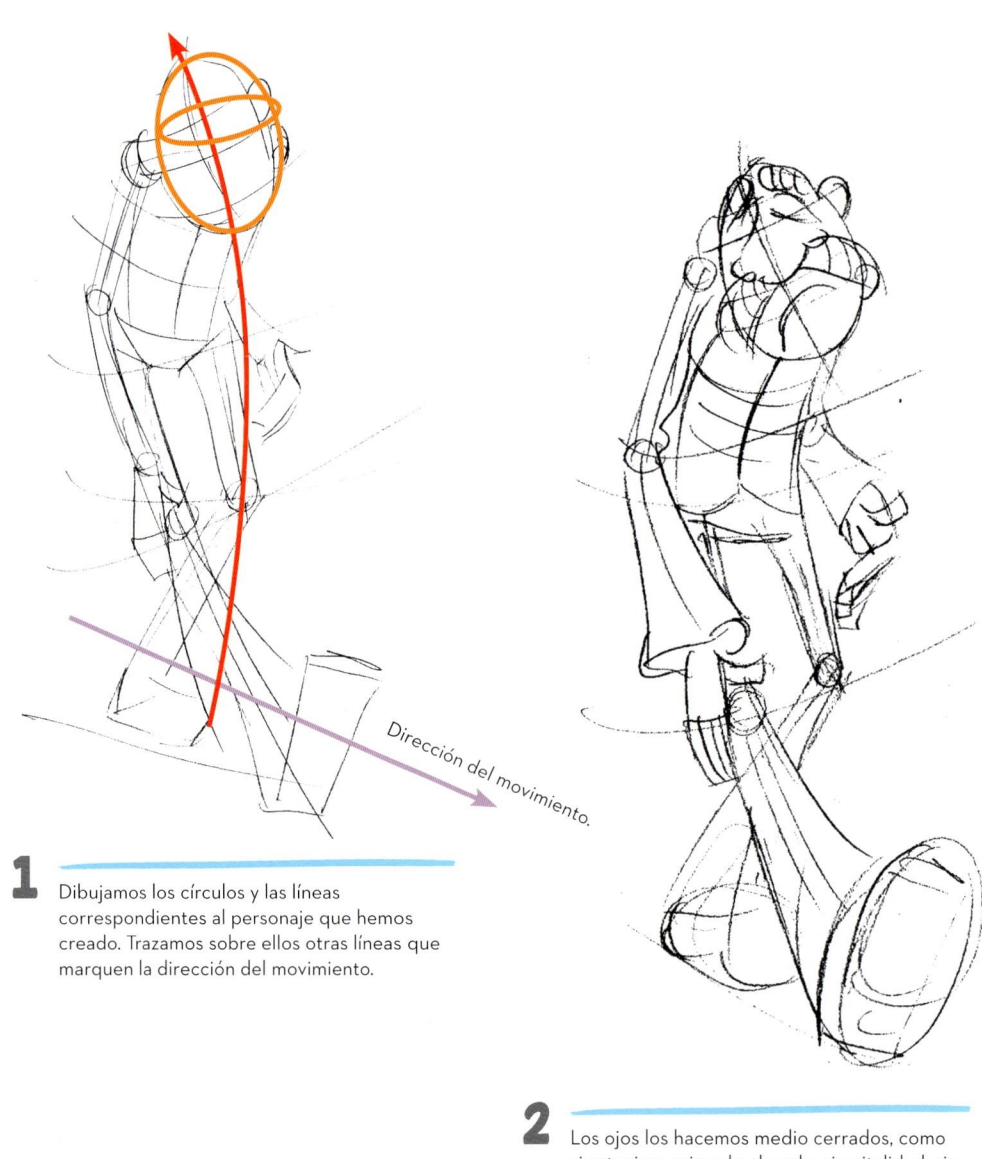

Dirección del movimiento.

1 Dibujamos los círculos y las líneas correspondientes al personaje que hemos creado. Trazamos sobre ellos otras líneas que marquen la dirección del movimiento.

2 Los ojos los hacemos medio cerrados, como si estuviese mirando al suelo, sin vitalidad, sin curiosidad. Las extremidades las tratamos de hacer un poco caídas, como si le resultasen pesadas o le fuese difícil mantenerlas firmes y sujetarlas.

Es realmente importante observar la realidad para luego poder plasmarla. Si no somos capaces de tener claro cómo se manifiesta la tristeza en la acción de caminar, ¡cómo vamos a ser capaces de dibujarla!

?

Dibujar la cabeza caída hacia delante, como si la barbilla tocase el pecho, es una herramienta muy acertada.

4 Vamos a ponerle colores muy vivos al personaje. No es necesario elegir colores apagados. La tristeza se muestra en los ojos y en la postura.

3 Dibujamos una perspectiva de las piernas y de los zapatos más exagerada. En primer plano, más grande, se ve la planta del zapato. En segundo plano, el zapato está apoyado en el suelo.

Uno de los cómics que estamos utilizando de ejemplo también utiliza habitualmente la acción de caminar para expresar la tristeza del personaje. Calvin suele darse numerosos paseos por el bosque con Hobbes y, en la mayor parte de ellos, transcurre una historia, ya sea basada en la diversión o por el contrario, como ocurre en este ejemplo, advertimos la tristeza y el disgusto de Calvin. Bill Watterson utiliza de una forma muy sutil, además de la expresión en el rostro, la forma de caminar como herramienta y medio de transmitir esta emoción.

Cómic: CALVIN Y HOBBES.
Un mundo mágico.
Autor: BILL WATTERSON.
Editor: EDICIONES B. Grupo Zeta.

Vamos a poner otros ejemplos de esta emoción. Imaginemos una mujer que llora. Creemos un personaje joven agarrándose el rostro y un pañuelo para limpiarse las lágrimas.

Antes de empezar a dibujar recordemos los elementos principales y necesarios para plasmar la tristeza. La boca, inclinada hacia abajo, las cejas que también son un punto de máxima expresividad en el rostro, y las manos, de las que hablaremos más adelante, y que también son increíblemente expresivas.

1 Situamos la figura dibujada con círculos y líneas sentada en una silla. Inclinamos el cuerpo hacia delante como en posición de tristeza, para acentuar que la chica está triste y decaída.

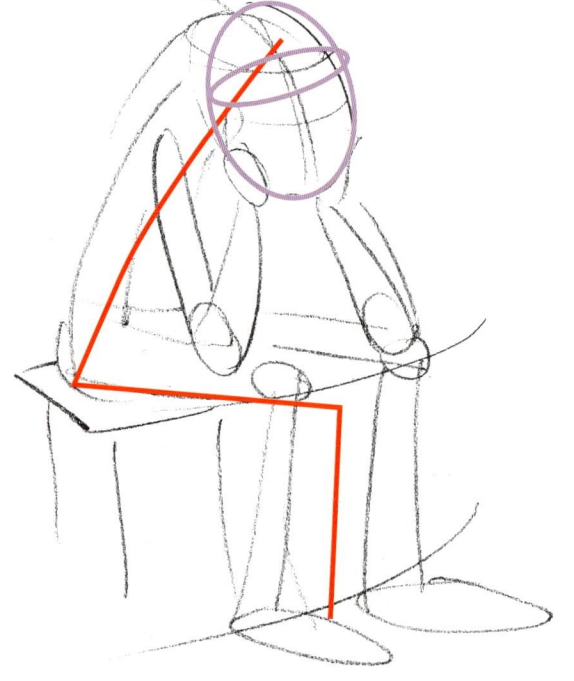

2 Poco a poco perfilamos más la figura sacándola del boceto anterior. Le ponemos los labios como haciendo una mueca y los inclinamos hacia abajo. Los ojos los cerramos prácticamente y los dibujamos de la misma manera, caídos hacia abajo. Las cejas siguen una línea paralela a la de los ojos.

3 Ponemos las manos de forma que sujeten el rostro al mismo tiempo que la chica sujeta el pañuelo. Dibujamos un par de lágrimas cerca de los ojos.

4 Damos color al personaje y dibujamos la sombra correspondiente a la luz que incide desde la parte frontal de la chica. Oscurecemos también la parte del pecho, ya que la postura del personaje impide que le llegue la luz.

Imaginemos que estamos en la India y nos encontramos a un monje budista sentado, serio, apagado y un poco triste. Quizás el intenso sol influye en su ánimo. Intentemos visualizar la escena, ¿cómo va vestido?, ¿cómo estará sentado?, ¿cómo me sentiría yo si estuviese allí?... Todas las preguntas que nos podamos hacer antes de empezar a dibujar un personaje que estemos inventando serán bienvenidas para captar, conocer y plasmar mejor el personaje y su contexto.

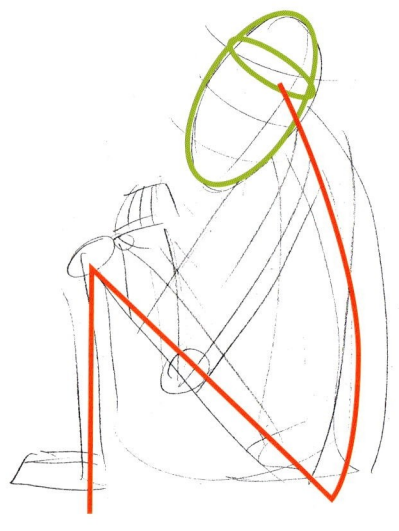

1 Vamos a crear un monje budista. Le representamos con la posición que generalmente tienen, sentados en el suelo, y lo abocetamos con líneas y círculos que den una primera base de la figura.

2 A la boca le damos forma de triángulo hacia abajo, que caiga; los ojos los dibujamos de la misma manera, con una caída hacia abajo, las cejas también.

3 Una vez que tengamos la figura abocetada, vamos dándole unas características propias y completando el desarrollo lineal de la figura.

Es muy importante conocer a nuestros personajes en la realidad para poder plasmarlos luego en un papel. Resumiendo, saber observar y mirar es algo imprescindible para aprender a dibujar. Para conseguir el volumen deseado y matizar todos los detalles del personaje, debemos echar mano de toda la gama cromática que nos ofrece la paleta de colores.

JOOO...

4 Coloreamos el manto naranja para dar mayor realismo al personaje.

La tristeza, como cualquier otra emoción, tiene muchos grados de intensidad. No es lo mismo una rabieta con llanto, intensa y superexpresiva, que un dolor agudo día tras día, que en este caso caracteriza más a un personaje que a un momento. Vamos a inventarnos dos personajes diferentes, uno de ellos cuya tristeza sea caracteriológica, y a través de esta emoción creemos el tipo de historia, de protagonista y de cómic.

Un personaje de unos cuarenta años, triste, arruinado, vagabundo, como pudo ser el conocido Carpanta, con la diferencia de que él no era triste, sino más bien irresponsable y caradura. Y otro personaje en el que percibamos otro grado de tristeza concreta, no caracteriológica, que manifieste un estado anímico temporal.

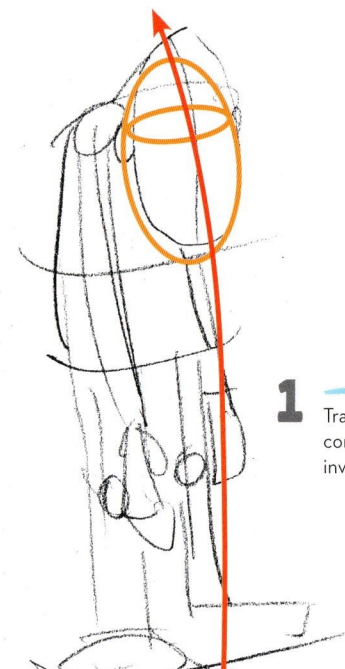

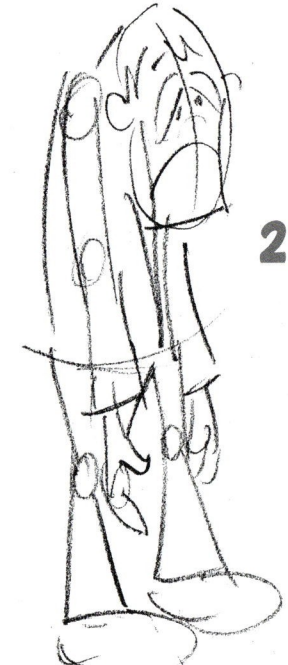

1 Trazamos los círculos y líneas correspondientes al personaje inventado.

2 Vamos a convertir la boca en un arco hacia abajo y a dar una caída semejante a los ojos, los párpados y las cejas.

OH...

3 Matizamos las líneas y le damos al personaje una postura inclinada hacia delante, como si su cuerpo le pesase..

4 Para caracterizar mejor el personaje y expresar más la tristeza y la apatía, utilizamos colores algo apagados y le dibujamos en el rostro rayas que simulen barba de varios días, que le darán un aspecto de abandono y dejadez.

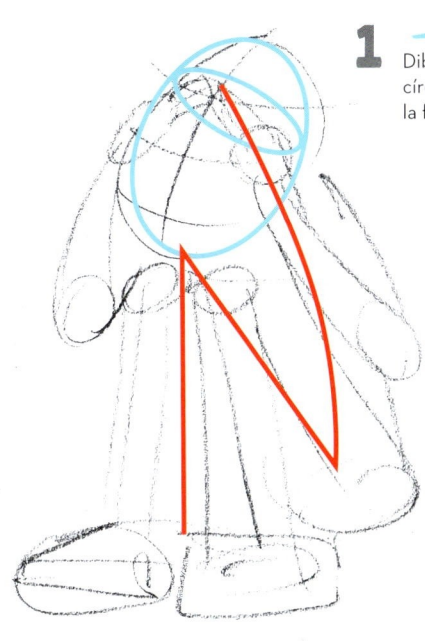

1 Dibujamos los correspondientes círculos y líneas base para abocetar la figura.

2 Abrimos la boca exageradamente y dibujamos dos pequeñas líneas que sean los ojos.

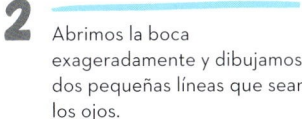

4 Para expresar una rabieta y llantina se suele utilizar una palabra que simule el sonido del llanto exagerado.

3 Las lágrimas las separamos considerablemente de los ojos para que se produzca el efecto de que el llanto es mucho más fuerte.

ALEGRÍA Y RISA

WOW!

¡YUPI!

La alegría es una emoción muy común en los cómics. Se utiliza para caracterizar a un personaje o como herramienta ante situaciones críticas o despiadadas. Por ejemplo en el dibujo humorístico los personajes se alegran o se «parten de risa» cuando a otro personaje se le cae una maceta en la cabeza, o cuando le ocurre una desgracia.

Hay miles de situaciones cotidianas en las que las personas solemos sonreír: al saludar, al encontrarse con alguien, al recibir un premio, al jugar con la nieve, etc. Las herramientas o trucos que utilizamos a la hora de dibujar a alguien que sonríe son prácticamente iguales que las empleadas cuando alguien se está riendo o está soltando una carcajada. La diferencia es que cuanto mayor sea la alegría o risa, más la acentuamos en el papel.

Para dibujar un personaje sonriendo se le estiran los extremos que unen los labios; los ojos se mantienen prácticamente iguales, se alargan un poquito, o se arquean sutilmente las cejas. Si este personaje empieza a reírse, los extremos de la boca se exageran más, se sitúan más arriba próximos a las orejas, los ojos se achinan más y la posición del cuerpo puede variar: puede inclinar la cabeza hacia atrás o hacia delante, o colocar la mano delante de la boca como intentando taparla. Si empieza a reírse mucho más y suelta una carcajada, los extremos de la boca se exagerarán mucho más, se marcarán los mofletes, los ojos se reducirán a dos líneas y la postura del cuerpo se encorvará.

Cuanto más cómica sea una situación, mayor tiene que ser la carcajada. La lengua, los dientes y el tamaño bucal crecen en detrimento del resto de la cara.

Para abocetar la carcajada a los extremos que unen los labios se exageran mucho más, los ojos se dibujan como dos líneas.

Vamos a poner el ejemplo de una señora mayor que espera ansiosa que lleguen sus hijos a comer, y al verles llegar sonríe mientras les saluda.

Dibujamos algunos accesorios para que le den un poco de realismo al personaje, como un bastón, un collar, un moño...

1 Dibujamos círculos y líneas para abocetar y marcamos la dirección principal de la señora en la posición escogida, saludando.

2 Dibujamos la boca con los extremos de los labios hacia arriba, marcando bien la sonrisa, y le inclinamos sutilmente las cejas.

3 Los ojos, aunque los hayamos dibujado caídos para marcar un poco el paso de los años, no restan la calidez a la sonrisa que queremos mostrar. Podemos dibujar unas líneas negras que muestren el movimiento del brazo al saludar.

Los complementos son otro de los recursos imprescindibles para darle carácter al personaje: un bastón para ancianos, un collar o unos pendientes para marcar la feminidad. Es muy importante que los personajes tengan algunos accesorios que ayuden a caracterizarlos mejor, como para una anciana un bastón.

4 Le damos color al personaje para que cobre un poco de viveza. Podemos elegir libremente y sin ninguna limitación los colores que deseemos para sus prendas de vestir, para su pelo. En este caso vamos a jugar con el tono del pelo: aunque sea gris para simular las canas, le damos un tono un poco rosado.

Los niños siempre muestran las emociones más exagerada y espontáneamente que los adultos, sea cual sea la emoción (tristeza, alegría, rabia) ellos no disimulan.

Vamos a tratar de mostrar distintos personajes niños, y crear en ellos la alegría con la sinceridad con la que la expresan en la vida real. Por ejemplo, un niño que esté disfrutando del invierno, jugando con la nieve, y una niña que esté disfrutando de haber ganado un premio.

Vamos a meter a ambos personajes en una acción puntual que les provoque esa emoción.

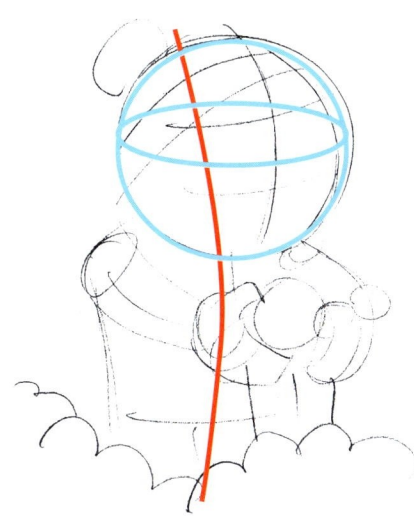

2 Abrimos la boca, enseñamos la lengua y subimos los bordes de los labios, a la altura de las orejas, para expresar una buena sonrisa.

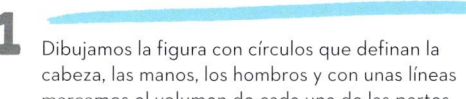

1 Dibujamos la figura con círculos que definan la cabeza, las manos, los hombros y con unas líneas marcamos el volumen de cada una de las partes.

LUZ

4 Al darle color marcamos la sombra que aparecería si la luz viniese de la parte superior derecha. A la nieve le podemos dar distintos tonos, más azulados, o más turquesas si queremos dar un toque más original.

3 Las cejas las arqueamos un poco y las colocamos hacia arriba. Perfilamos un poco más el dibujo antes de darle el color.

¿Y si por ejemplo ganasen un premio? ¿No es verdad que estarían alegres y sonreirían de oreja a oreja? La historia de alegría y felicidad puede generarse con un premio conseguido: es el refuerzo positivo inicial.

1 Dibujamos los respectivos círculos y líneas que aboceten la niña. Trazamos la línea que marca la dirección que lleva el dibujo. Nos vamos a arriesgar con la figura inclinando un poco el cuerpo de la niña, pero sin que pierda el equilibrio, y le alzamos los brazos como si estuviese mostrando el premio.

2 Vamos a señalar bien la sonrisa subiendo los extremos a la altura de las orejas y aproximándolos a ellas. Arqueamos las cejas un poco como consecuencia de la apertura de los ojos.

3 Una vez que tenemos la figura esbozada remarcamos las formas teniendo en cuenta la posición triunfadora que hemos escogido para el personaje.

4 Le damos color al personaje para hacer realidad su alegría. Ya que es una niña podemos exagerar el color del pelo y que tire a naranja para que sea más infantil. Situamos la sombra al lado derecho como si la luz incidiese desde la parte frontal-izquierda superior.

Podemos crear un par de personajes que podrían ser los protagonistas de un cómic: dos amigos, jóvenes, cada uno de ellos que se caracterice por una manera de ser (uno de ellos muy simple y campechano y el otro más intelectual). El cómic podría basar su historia en contar acciones en las que se presentasen siempre los dos puntos de vista, los dos caracteres. Y contaríamos las historias con un toque de humor.

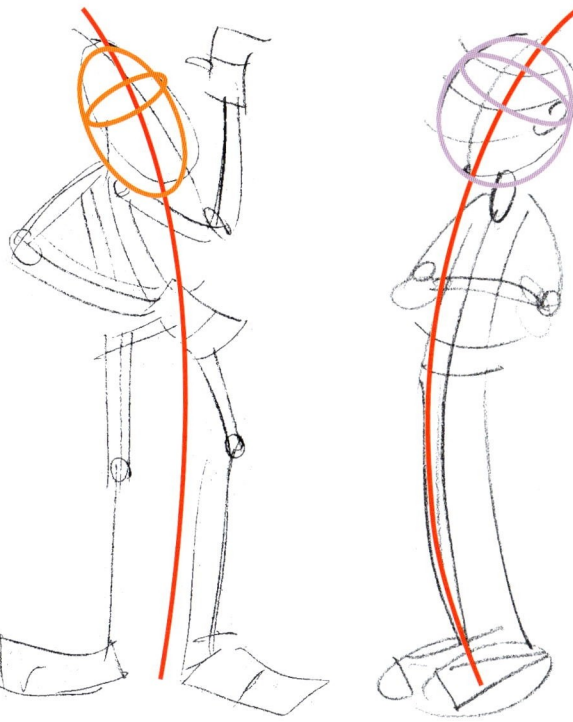

1 Dibujamos los círculos que marcan las cabezas y las rodillas, y unas líneas que identifiquen las formas de los personajes. Trazamos la dirección que marca el equilibrio de los cuerpos.

2 Abrimos las bocas muy artificialmente, que los extremos de los labios rocen con las orejas, y damos un poco de expresividad con los brazos a uno de ellos para que parezca que están interactuando.

3 Perfilamos bien cada uno de los personajes al mismo tiempo que, por sus respectivas posiciones, quedan más claros cada uno de los caracteres escogidos.

4 Aplicamos el color sin olvidar las líneas que marcan el movimiento.

Cuando alguien cuenta una anécdota gesticula con los brazos y manos, y generalmente el que escucha adopta una posición más serena o quieta.

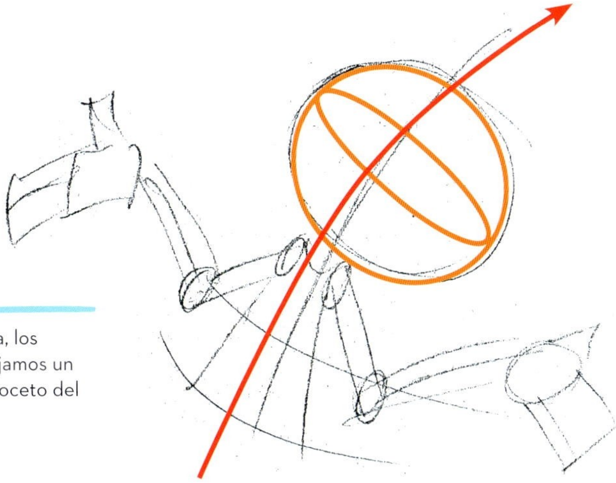

1 Nos centramos en la cara, los brazos y las manos. Dibujamos un círculo, y la dirección y boceto del personaje.

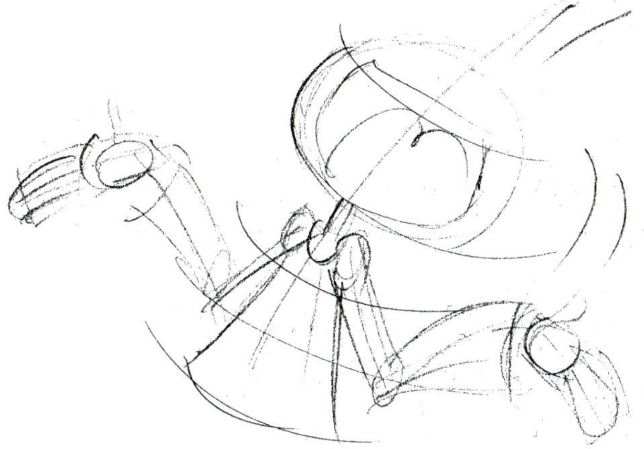

2 Se empieza a intuir la expresividad y el volumen de la figura.

3 Abrimos exageradamente la boca y dibujamos la lengua. Solo nos centramos en la sonrisa, en nada más.

¡¡¡JAJAJA!!!

4 Podemos dibujar unas líneas alrededor del personaje, para sugerir el movimiento de la cara y del cuerpo como resultado de la vibración de la carcajada.

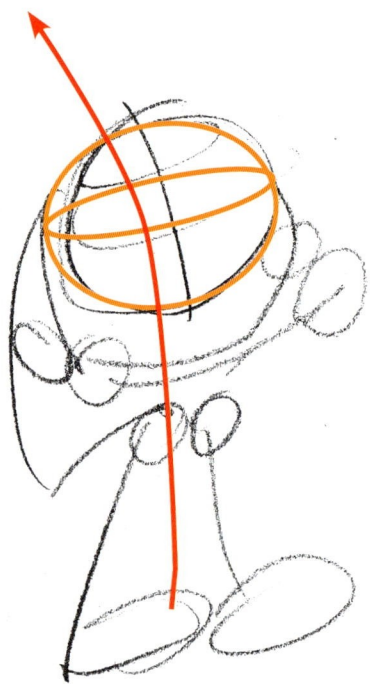

1 Ahora estudiamos la posición del cuerpo del personaje. La cara, los brazos y las manos están muy próximos. Dibujamos un círculo y la dirección de la acción.

2 Encogemos el cuerpo y dibujamos los brazos agarrando fuertemente la barriga, una postura muy típica de alguien que se está partiendo de la risa.

3 Podemos también dibujar unas líneas que acentúen el movimiento y la vibración. Un bocadillo es prácticamente indispensable cuando dibujamos al personaje partiéndose de risa.

HA-HA
HA-HA
HA-HA
HA-HA
HA-...

En los diferentes cómics se dibujan una y otra vez personajes que están «muertos de risa». Es importante que tengamos claro las posibles posiciones que se utilizan como herramientas para expresar «ataques de risa», «grandes carcajadas»... Pongamos más ejemplos.

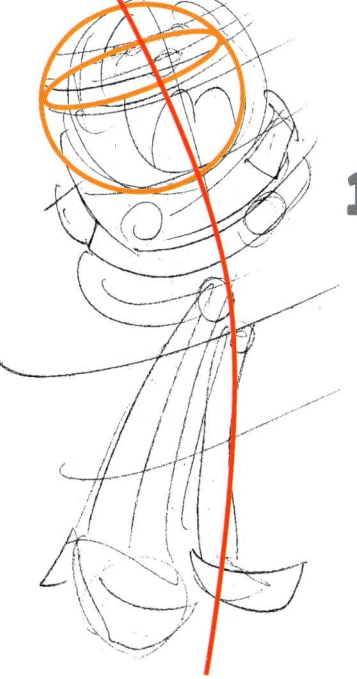

1 Esbocemos el personaje que vamos a crear con los círculos y líneas necesarios para hacer un primera disposición de la figura.

2 Abrimos ampliamente la boca y achinamos los ojos prácticamente cerrados.

Giramos un poco una pierna como para darle un toque de humor. ¡A veces tienes que controlarte para no hacerte pis de la risa! ¿No?

¡¡¡JEJE...!!!

1 Otra vez comencemos por dibujar los círculos y líneas necesarios para hacer el primer boceto de la figura.

¡JAJA!

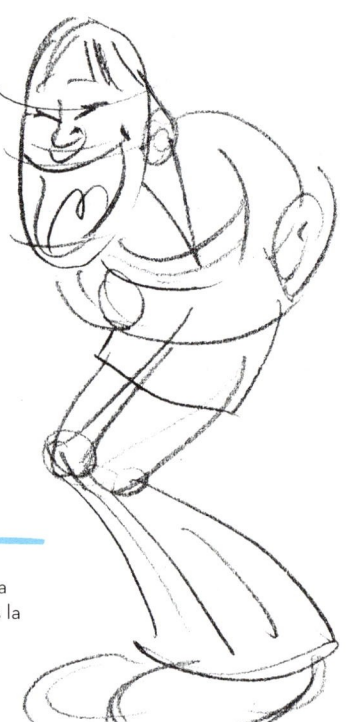

2 Apretemos fuertemente los brazos del personaje a su espalda y agrandemos la boca y la lengua.

3 Los ojos se pueden dibujar como dos líneas pequeñas que se juntan en un extremo, como herramienta para expresar la carcajada.

4 Utilizamos de nuevo las líneas rodeando los brazos y el cuerpo, mostrando movimiento y vibración.

PREOCUPACIÓN

Preocuparse es otra manera de mostrar una emoción. Por el hecho de preocuparte puedes estar ansioso, o susceptible, un poco despistado o ido. Son múltiples y variadas las formas en las que cada uno de nosotros mostramos preocupación.

Otra vez más esta emoción puede ser utilizada como caracteriológica. Podemos crear un personaje que prota-

gonice una diversidad enorme de historietas basadas en su manera de percibir el mundo, bajo el prisma de hombre o mujer preocupado, y se puede crear mucho humor con este tipo de carácter.

Por supuesto también se puede utilizar dicha emoción en una situación concreta, y exagerarla hasta el extremo de arrancarte la piel debido al estado de nervios.

Debemos explorar cada posibilidad que tenemos de movimiento y de inclinación de cabeza o de manos. En esta reacción de preocupación la señora se agarra fuertemente el rostro; al hacerlo, exageramos notablemente el hecho de tener un ataque de nervios. Si nosotros continuásemos la historia haríamos que nuestro personaje una vez que se agarrase la cara, se contrajera, y tras esta reacción, que es una manera de estallar, entraría en otra fase de extensión, donde se empezaría a resignar. Nosotros nos estamos centrando solo en la congelación de una emoción, pero no hay que olvidar que tras ella debemos plasmar otra y otra con intervalos donde los personajes estarán más quietos y con menos expresividad. Recordemos otra vez que es importantísimo observar la realidad y conocerla para poder plasmarla. ¿Cómo vas a dibujar un estado de preocupación si no conoces cómo se manifiesta en las personas?

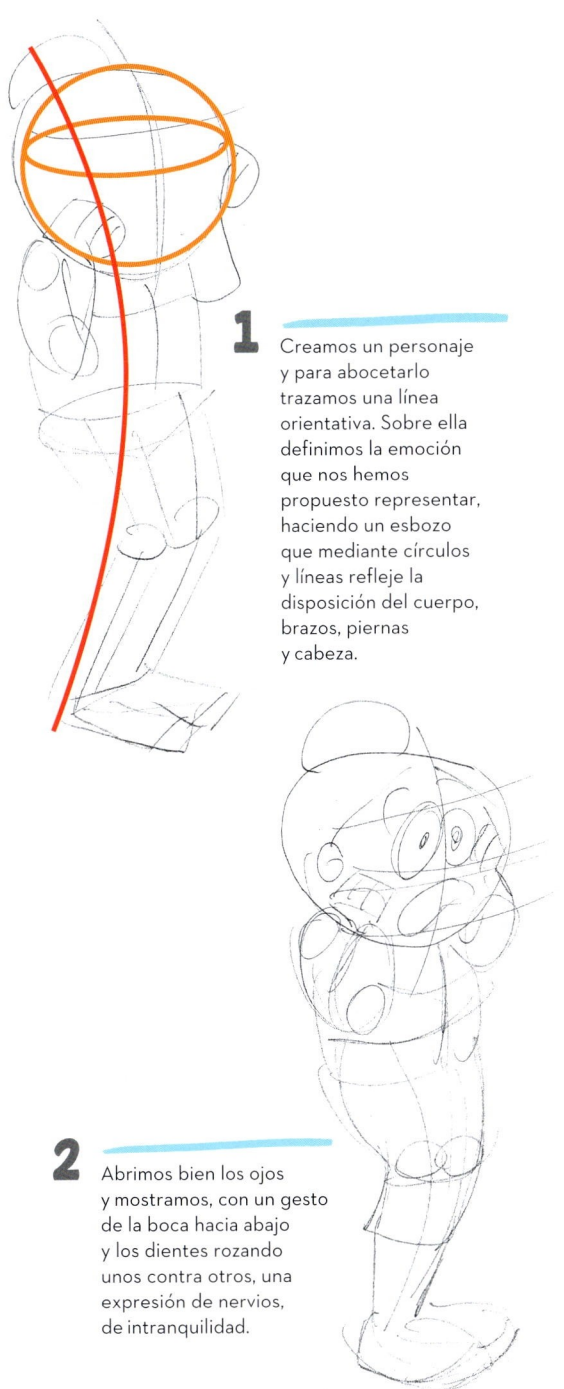

1 Creamos un personaje y para abocetarlo trazamos una línea orientativa. Sobre ella definimos la emoción que nos hemos propuesto representar, haciendo un esbozo que mediante círculos y líneas refleje la disposición del cuerpo, brazos, piernas y cabeza.

2 Abrimos bien los ojos y mostramos, con un gesto de la boca hacia abajo y los dientes rozando unos contra otros, una expresión de nervios, de intranquilidad.

3 Podemos jugar con uno de los ojos creando un pequeño círculo rodeando al iris, pero solo en uno de los ojos, como dando la imagen de que está un poco ida, con la mirada medio perdida.

4 Se pueden inventar detalles ficticios para caracterizar mejor a los personajes que decidamos crear, como colorear su pelo de verde o rosa. En este caso vamos a colorear el pelo de un tono rosado para darle un toque especial.

Una posición muy característica que indica preocupación es la de colocar una mano en la cara, ya sea debajo de la barbilla, o sujetando la cabeza, o apoyándote sobre la mano con uno de los dedos estirado sobre la mejilla. Todas estas formas las debemos ensayar delante de un espejo y luego, una vez memorizada la posición, plasmarla sobre un papel.

Dibujemos varios personajes en esta postura. Empezamos a practicar con las manos que, repetimos, es una de las herramientas de mayor expresividad.

2 Busquemos una posición en la que el personaje tenga una mano inutilizada y otra que la usemos como herramienta para mostrar la preocupación.

1 Creamos un personaje masculino y trazamos una línea orientativa. Sobre ella, dibujamos círculos y líneas que aboceten el cuerpo y la cabeza.

3 Ladeamos la boca hacia uno de los lados. Este es un recurso útil, como el morderse las uñas o el labio.

La posición marca el estado anímico, la situación del personaje o su voluntad, frente a diversos factores.

4 Si además de llevarle la mano a la barbilla, le torcemos el rictus de la boca, el grado de preocupación que muestra el personaje se acentúa.

HUMMM

5 Podemos poner un bocadillo que acompañe al personaje. Dentro del bocadillo es muy típico poner «huummm»; al repetir las letras alargando la palabra, da la sensación de que te has quedado trabado en un pensamiento. También se podría dibujar el bocadillo con círculos que definen un pensamiento interior, en vez de algo que se dice o manifiesta en alto, e incluso dejarlo en blanco tendría su gracia.

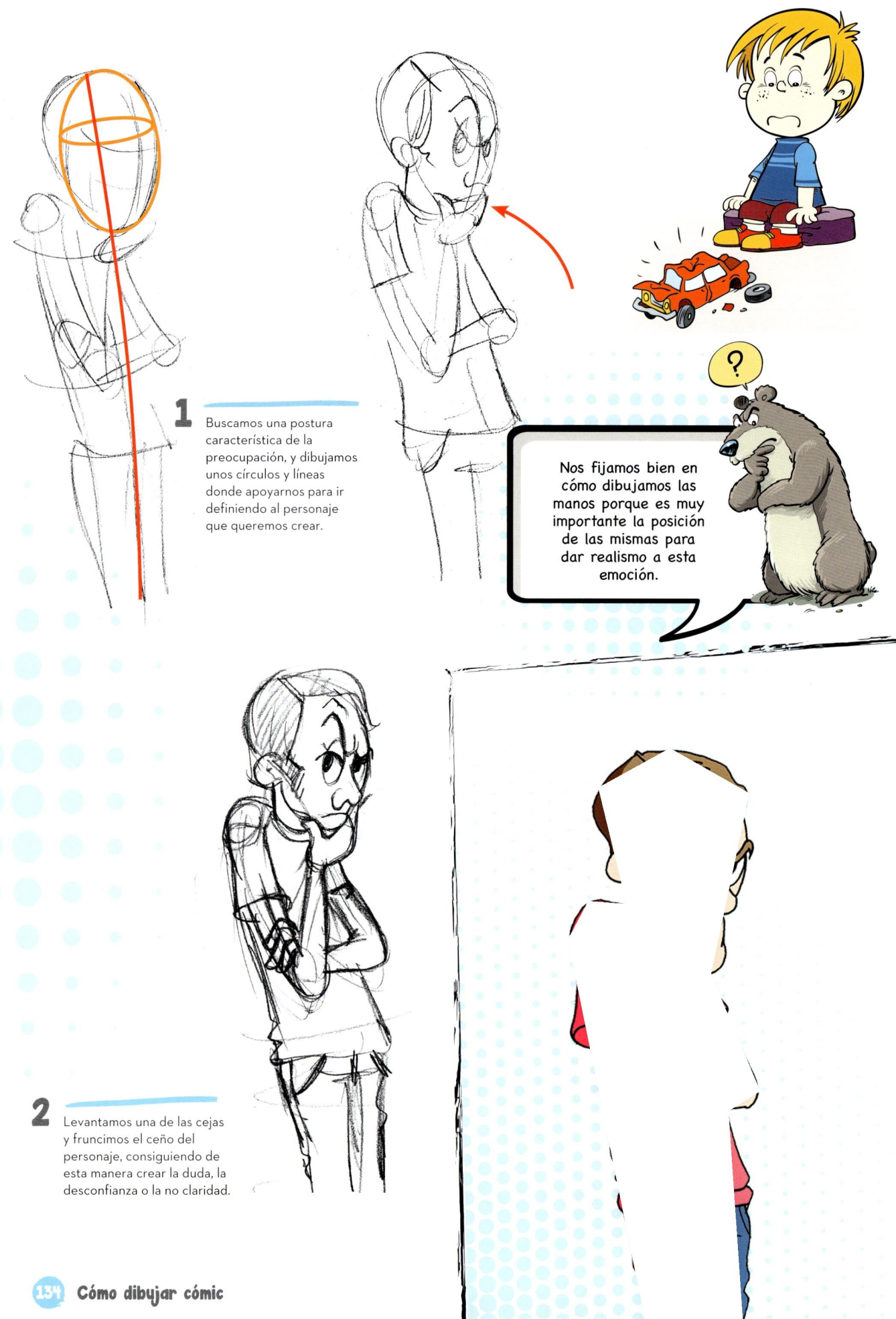

1 Buscamos una postura característica de la preocupación, y dibujamos unos círculos y líneas donde apoyarnos para ir definiendo al personaje que queremos crear.

Nos fijamos bien en cómo dibujamos las manos porque es muy importante la posición de las mismas para dar realismo a esta emoción.

2 Levantamos una de las cejas y fruncimos el ceño del personaje, consiguiendo de esta manera crear la duda, la desconfianza o la no claridad.

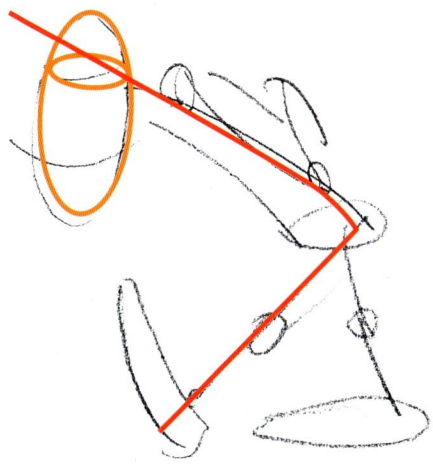

1 Creamos un personaje andando: las manos en la espalda es otra postura posible cuando alguien «anda de un lado a otro» preocupado. Trazamos los círculos y líneas que definen el personaje.

2 Exageramos la ceja que se ve marcando bien el entrecejo, simulando la duda y la desconfianza. Podemos poner el labio inferior un poco salido hacia afuera, que también es un gesto que en ocasiones mostramos cuando estamos preocupados pensando en algo.

3 Podemos acompañar al personaje con un bocadillo y dentro de él poner una expresión que se suele utilizar en el mundo del cómic cuando alguien reflexiona o piensa sobre algo: «huuummmm».

EL LENGUAJE CORPORAL

El lenguaje corporal es otra de las herramientas que da vida a un personaje. La posición de las manos, más o menos abiertas, del cuerpo, más o menos rígido, de los hombros, encogidos o no, son elementos que nos dan muchísima información.

¿Quién no ha oído decir alguna vez que no hay que fiarse de lo que alguien dice? ¿No has observado alguna vez a alguien que, mientras dice «sí» con la voz, dice «no» con su lenguaje corporal?

Nuestras posturas y movimientos, además, por supuesto, de los gestos, son una enorme fuente de información y, por ello, no debemos olvidarnos de utilizar este gran recurso a la hora de dibujar.

Lo más complicado a lo que nos enfrentamos es conocer este tipo de lenguaje. Saber captarlo implica ser un gran

observador y, ser un gran dibujante también implica ser un gran observador. No vale casi nada saber plasmar en un papel la realidad si no eres capaz de conocerla y entenderla.

Por eso, recordemos que a medida que se incrementa la capacidad para ver y mirar, se acrecienta la habilidad para dibujar y se irá, poco a poco, formando el propio estilo. Una persona muy creativa será capaz de procesar de una manera nueva la información que tiene delante de ella, sabrá convertir intuitivamente esa realidad, sabrá qué posibilidades tiene de convertir esa información en algo original y expresivo.

Quizás sea conveniente que a partir de ahora pongas atención en observar cada situación cotidiana, que estudies el lenguaje corporal que manifiestan aquellas personas que conoces tanto, y así no tendrás margen de error. Observa sus manos, cómo las mueven, su rostro, cómo gesticulan, sus piernas, si están relajadas o tensas, si la persona está nerviosa y mueve incesantemente los pies, etc. Una vez hayas visto qué es y cómo se manifiesta el lenguaje corporal, podrás plasmarlo en un papel aplicándolo a cada personaje que vayas a crear.

Hay una serie de secretos mínimos acerca de este tipo de información expresiva. Por ejemplo, cuando dos personas están en sintonía y la comunicación fluye, tienden a complementarse en las posturas y en los gestos.

Su lenguaje corporal es complementario. Por el contrario, cuando dos personas no están en sintonía, sus posturas, gestos y movimientos son opuestos.

Aprender a conocer el lenguaje corporal es como aprender a percibir que las cosas pueden ser muy diferentes a lo que parecen. Es poder utilizar mejor tus sentidos y que estos se conviertan en un aliado para dibujar.

Cómic: BATMAN. Equilibrio.
Autor: BOB KANE.
Guion: GREG RUCKA.
Dibujo: PEARSON/HODGKINS.
Editorial: DC Cómics.

LAS MANOS

Las manos son un elemento muy importante dentro del lenguaje corporal: si están cerradas, si están abiertas, su movimiento, etc. Los dedos deben colocarse en diferentes posiciones para evitar la monotonía y dar mayor viveza y movimiento a la expresión de las manos.

1 Empezamos de nuevo abocetando la figura del personaje con formas circulares que vayan definiendo las proporciones, y con líneas que unan dichos círculos. Trazamos con una línea general la dirección de la figura y del movimiento.

2 Le damos una posición de aceptación y de resignación ante la incomprensión. Los brazos de la niña se abren, las manos y los ojos también. La boca mantiene una mueca que muestra claramente de nuevo la incomprensión.

Está claro que los puntos principales de información son los ojos, cejas, boca y manos. Si utilizamos estos puntos como herramientas, el personaje estará vivo.

LUZ

3 Dibujamos los hombros un poco encogidos como si estuviesen alzándose unos centímetros mostrando la duda y el desconocimiento.

4 Una vez perfilado y acabado el dibujo, le damos color. No nos olvidemos de aplicar una zona de luz y una zona de sombra para dar volumen al personaje. Imaginemos que la luz incide por arriba a la derecha.

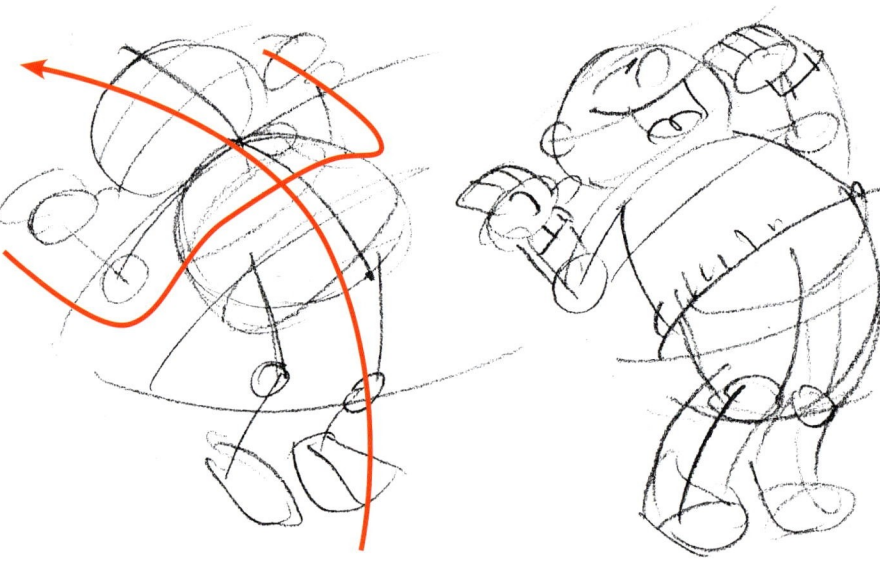

1 Trazamos líneas y círculos que esbocen la figura. Sobre ellos dibujamos una línea de movimiento y acción.

2 Perfilamos poco a poco la figura y le aplicamos líneas que la rodeen por completo. Ahora empezamos a definir los rasgos de esa figura antes de aplicar el color.

3 Le hemos dado una posición inclinada hacia atrás, pero la justa para que el personaje conserve el equilibrio. Las manos están abiertas y sueltas.

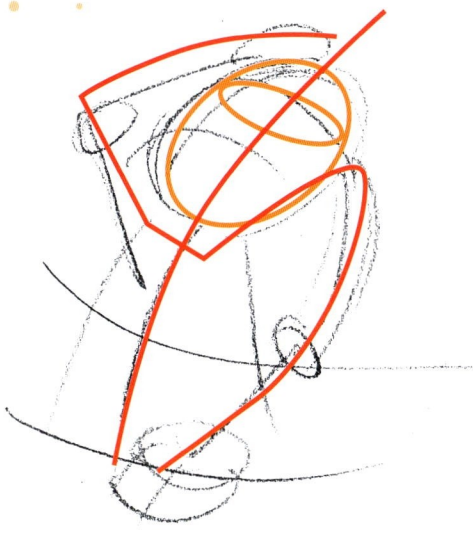

1 Visualizamos la posición que vamos a escoger para el personaje y, mediante círculos y líneas, vamos dándole forma.

2 Colocamos uno de los brazos en la cabeza siguiendo a rajatabla la expresión «se echó las manos a la cabeza», que quiere decir que se arrepintió, o que metió la pata.

3 Dibujamos el otro brazo como dejándose caer sobre la mesa, dando un golpe. Lo mostramos con las líneas negras que simulan el movimiento, y con la posición de la mano abierta, los dedos separados y estirados.

4 La mano abierta es fundamental para darle personalidad al personaje.

LA POSTURA
Y LOS HOMBROS

Vamos a crear varios ejemplos de personajes que nos muestren una expresión a través de su lenguaje corporal. Empecemos con una señora de edad avanzada; imaginemos que está esperando a alguien y lo demuestra con su postura y expresión. Está bastante enfadada e impaciente por poder hacerlo.

El personaje a través de su postura podría perfectamente dar a entender todo lo que queremos plasmar. Toda esa información podemos expresarla con el lenguaje corporal adecuado. Un personaje en horizontal y con líneas de movimiento es arrastrado.

1 Conociendo la postura que queremos darle al dibujo, esbozamos el personaje a través de círculos y líneas.

2 Nuestro personaje estaría un poco nervioso, en una posición que mostrase tensión y rigidez. Para ello dibujamos los hombros un poco levantados y los brazos cruzados, pero en absoluto relajados. También utilizamos alguna extremidad para plasmar movimiento y, con ese movimiento, un estado de nervios.

3 Al pie izquierdo le acompañan unas líneas que dibujan la dirección del movimiento y el mismo pie, repetido para dar la sensación de acción. Le marcamos el entrecejo bastante y le dibujamos los ojos atentos.

HUM

4 Una vez clara la postura y perfilada la línea, pasamos a darle color y añadimos la respectiva sombra. Para dibujar el movimiento utilizamos un tono más degradado y suave, que parezca difuminado.

Una mala postura puede acarrear personajes irreales, que no hagan creíble ni la sensación que quieren dar, ni su condición de realidad.

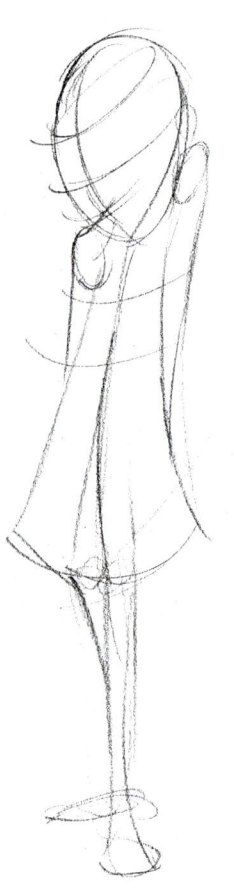

1 Esbozamos un personaje con círculos y líneas buscando una posición que exprese coquetería, juego y provocación pero con ingenuidad.

2 Dibujamos una mano en los labios creando un gesto ingenuo y provocador, y escondemos la otra mano. Los ojos, con largas pestañas, y una postura encogida medio tímida.

3 Exageramos las pestañas, la inclinación de la cabeza, la sonrisa cerrada y provocativa, y colocamos las piernas juntas como creando un movimiento de contoneo.

WOW!

4 Damos color al personaje e imaginamos que la luz llega incidiendo de la parte superior frontal derecha.

3 Los hombros pueden favorecer o destrozar la apariencia del personaje. El enfado, la ingenuidad, la ira y otras muchas posturas (la información que se quiera dar) se transmiten a través de los gestos.

4 Para terminar, coloreamos el dibujo con lo que daremos apoyo a las expresiones remarcando el sentido del gesto.

2 Alzamos la barbilla y giramos un poco la cabeza, mostrando desprecio o indiferencia, e inclinamos un poco la boca como plasmando asco. Retiramos la mirada.

1 Esbozamos una figura dándole una postura que manifieste orgullo. Utilizamos la posición del cuerpo y de la cabeza para poder expresarlo.

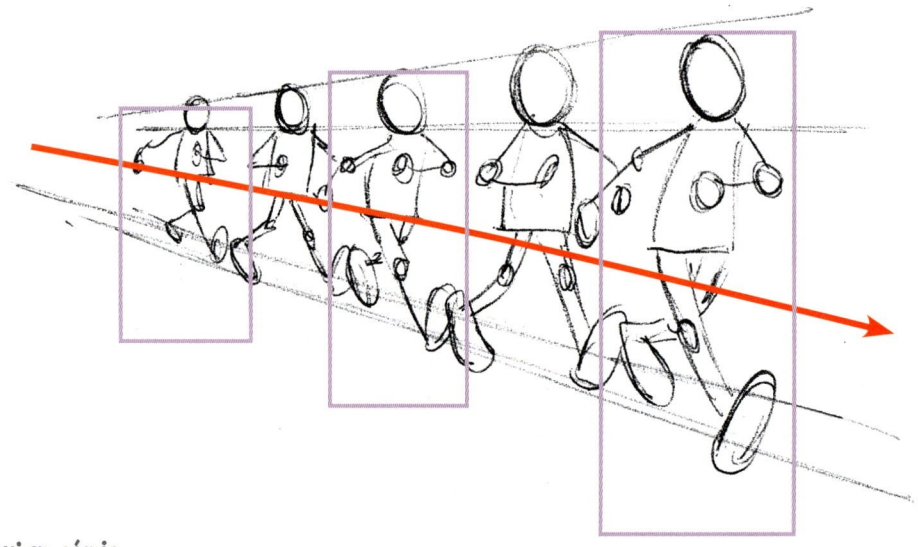

EL MOVIMIENTO

Dar movimiento o crear movimiento en un personaje consiste en transmitir al lector las acciones e intenciones de dicho personaje. Una forma de lograrlo es utilizando una línea de acción. Y ¿qué es una línea de acción? La podemos definir como una línea imaginaria o trazo que nos precisa el movimiento que va a seguir el personaje en un espacio. Esta línea nos da una referencia en la que apoyarnos a la hora de dibujar: hacia esa misma dirección se dirige el impulso de la acción.

Si tenemos un par de personajes en una viñeta y estos están peleándose, se están dando puñetazos, las líneas de acción respectivas de cada uno deben coincidir entre sí, si no la composición no encajaría y estaría mal dibujada. No podemos representar a uno de los personajes dando un puñetazo fortísimo que le hará perder el equilibrio y dibujar al otro personaje con la cabeza solo un poco inclinada, es el equilibrio de fuerzas de acción-reacción de los participantes.

Es bastante más complicado dibujar el movimiento en un cómic que en un dibujo animado porque este puede plasmar el movimiento secuencialmente sin que aburra o se considere repetitivo. Nosotros lo tenemos mucho más limitado. En el dibujo de cómic los movimientos son distintos momentos de la acción congelados, no hay una secuencia entre ellos, ni se debe representar. Por esta razón, debemos considerar qué momentos son los verdaderamente importantes y expresivos y, en consecuencia, cuáles escogemos a la hora de crear esa escena de movimiento dentro de la historia.

Sería muy reiterativo y aburrido en el ejemplo de una pelea en la que dos personajes se dan puñetazos entre sí, repetir una y otra viñeta con esa misma acción. Quizá se podría resumir en dos viñetas: en una de ellas uno de los personajes da y en la otra ese mismo personaje recibe. Si quisiéramos exagerarlo todavía más, podríamos añadir dos viñetas, pero entonces tendríamos que cambiar el escenario o la manera de golpear de los protagonistas. Por ejemplo, uno de los personajes agarraría una silla y le golpearía al otro con ella, o se subiría a una silla y se lanzaría encima del otro.

El movimiento en el dibujo del cómic tiene que ser muy variado. No debemos contar una acción paso a paso sino

incluir dentro de ella variaciones que aporten dinamismo a la historia. Utilizaríamos solo un par de momentos, como en el ejemplo dibujado abajo de la página, que ilustra la acción de correr. Esbozaríamos al personaje durante la acción y escogeríamos un punto de vista lejano, uno intermedio y el momento último o final de la acción. A continuación pondremos varios ejemplos diferentes para mostrar cómo visualizar y dibujar el movimiento.

En una figura simplificada, donde la cabeza, las manos, las rodillas, los tobillos y el tórax se construyen con un volumen circular, y las piernas, los pies y los brazos, con un volumen rectangular, se pueden visualizar muy bien las rotaciones y variaciones de perspectiva que acompañan al movimiento de los distintos volúmenes que forman el cuerpo.

A la hora de abocetar un movimiento concreto comenzamos construyendo una figura simplificada y, sobre ella, trazamos la línea de dirección del movimiento, y todas las líneas y bocetos que sean necesarios.

WO-O-OF

El reflejo gris o, mejor dicho, negro degradado, ayuda a mostrar velocidad y movimiento.

1 Mostramos la perspectiva del dibujo con las líneas naranjas, y la dirección del movimiento con la línea roja.

2 Velocidad y movimiento fuera del personaje protagonista con rayas y fondo.

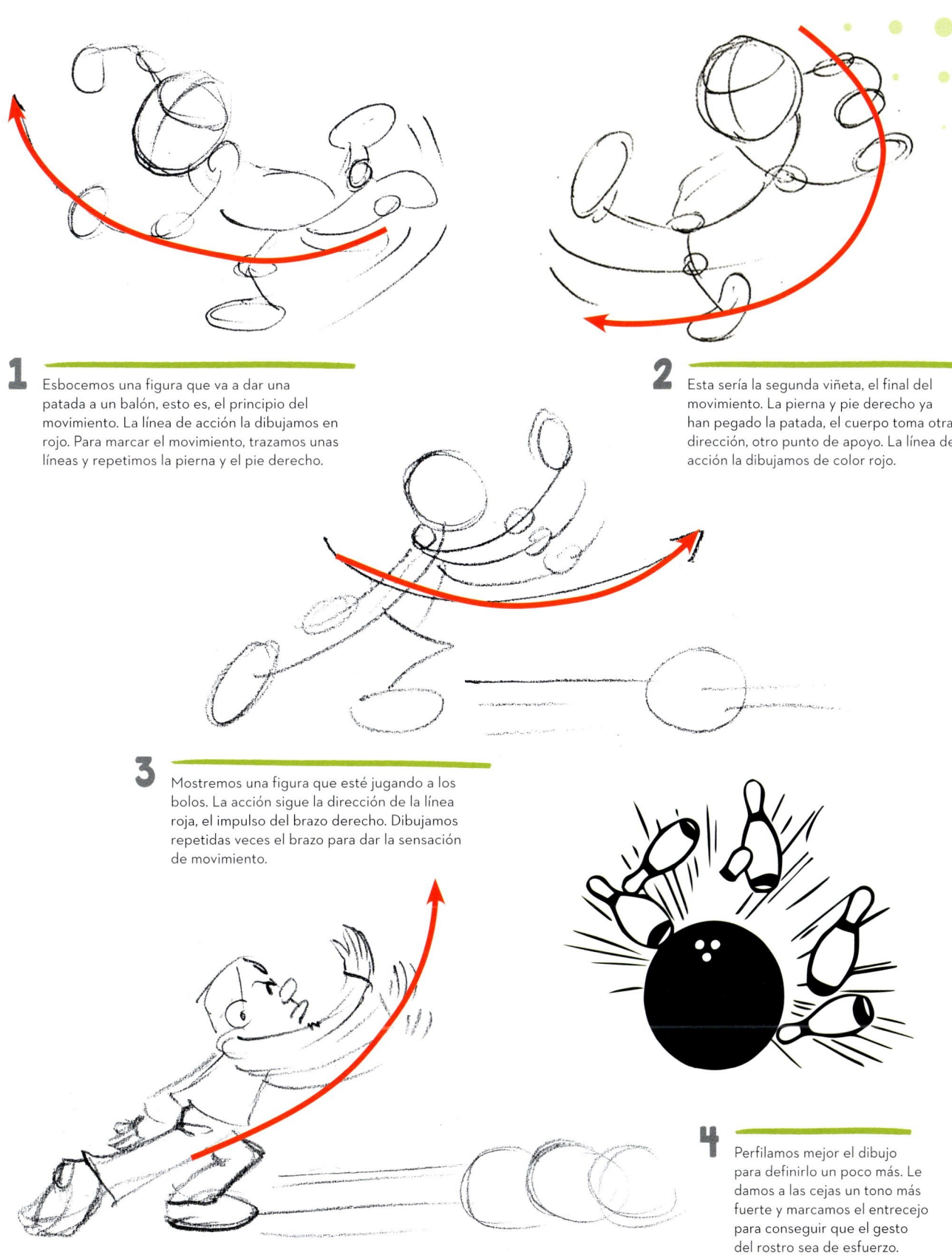

1 Esbocemos una figura que va a dar una patada a un balón, esto es, el principio del movimiento. La línea de acción la dibujamos en rojo. Para marcar el movimiento, trazamos unas líneas y repetimos la pierna y el pie derecho.

2 Esta sería la segunda viñeta, el final del movimiento. La pierna y pie derecho ya han pegado la patada, el cuerpo toma otra dirección, otro punto de apoyo. La línea de acción la dibujamos de color rojo.

3 Mostremos una figura que esté jugando a los bolos. La acción sigue la dirección de la línea roja, el impulso del brazo derecho. Dibujamos repetidas veces el brazo para dar la sensación de movimiento.

4 Perfilamos mejor el dibujo para definirlo un poco más. Le damos a las cejas un tono más fuerte y marcamos el entrecejo para conseguir que el gesto del rostro sea de esfuerzo.

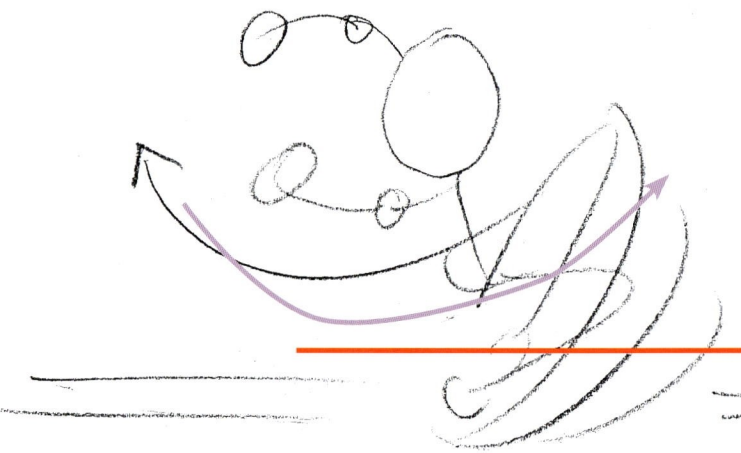

1 Dibujamos un personaje simplificado con líneas y círculos y sobre él construimos una figura. Señalamos con una línea roja la dirección de la acción y con una línea violeta el impulso que el personaje necesita para realizar dicha acción.

2 Primero es el comienzo de la acción: el personaje se prepara para realizar la carrera. En este momento la figura se dibuja congelada pero intentando plasmar con líneas y círculos el impulso que está tomando antes de iniciarla e incluso insinuado, en la misma viñeta, el comienzo de la carrera.

4 Damos color a cada dibujo y mostramos la sensación de velocidad utilizando degradados y duplicando las partes del cuerpo donde elegimos mostrar el movimiento. Las rellenamos de un gris claro, que nos recuerde al viento, que represente el impulso o una ráfaga.

ZWIFF!

3 En la segunda viñeta dibujamos al personaje ya realizando la acción, corriendo. Colocamos los brazos delante insinuando la dirección. El impulso y movimiento los dibujamos detrás, como algo realizado que ayude a subrayar la sensación de velocidad.

5 Dibujamos al personaje sonriendo porque ya no necesita la mueca que le pusimos en la viñeta anterior que expresaba esfuerzo. Coloreamos el trazo que hemos utilizado para reflejar el movimiento.

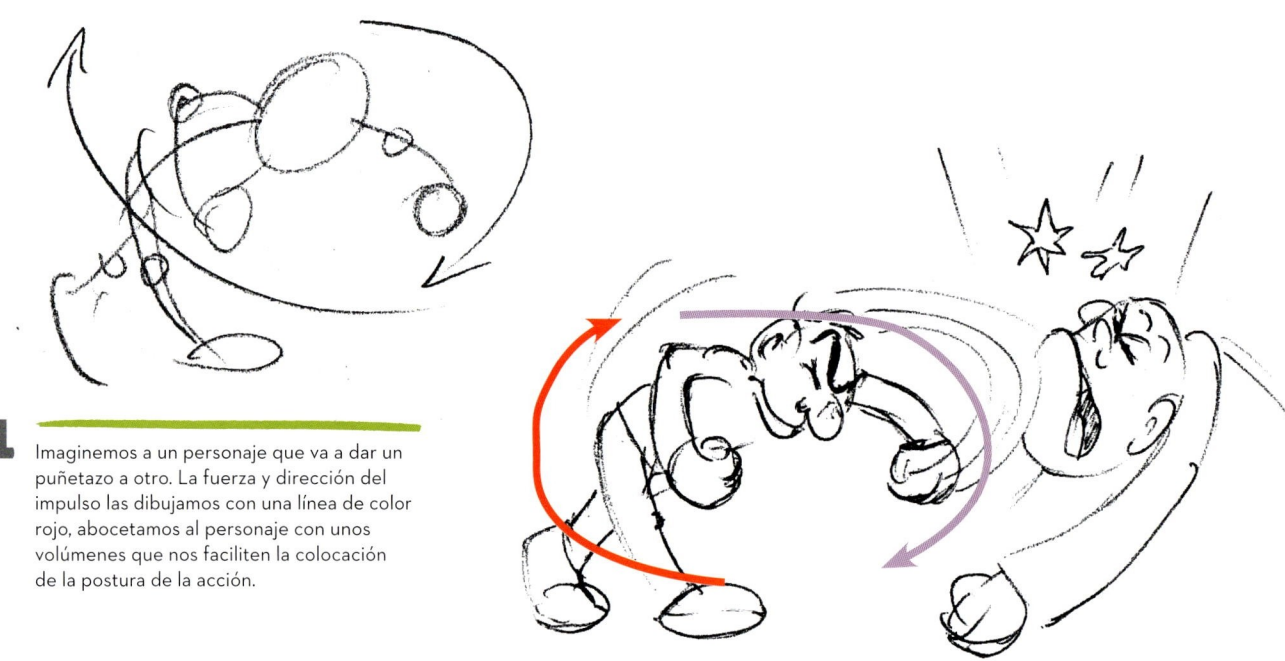

1 Imaginemos a un personaje que va a dar un puñetazo a otro. La fuerza y dirección del impulso las dibujamos con una línea de color rojo, abocetamos al personaje con unos volúmenes que nos faciliten la colocación de la postura de la acción.

2 Dibujamos el otro personaje, el que recibe el golpe, y los perfilamos a los dos con los respectivos gestos y expresividad.

3 Le damos color a la acción. La podemos acompañar con unos símbolos que definen dolor (las estrellas), en el personaje que recibe el puñetazo.

Un ejemplo de movimiento mediante la aplicación del color. Duplicamos las manos y los pies y los difuminamos. Les damos un pequeño recorrido con el que se manifiesta el movimiento. También nos servimos de las líneas respectivas que acompañan el ritmo de la acción.

1

2

Aplicamos los mismos recursos que en el ejemplo de arriba, pero en la zona respectiva de movimiento.

LA PORTADA

Aunque los lectores de cómics somos bastante fieles y no nos hace falta una maravillosa portada para adquirir un ejemplar, es un elemento esencial en la presentación del trabajo, sobre todo si estamos empezando.

En el momento de ver la portada de un cómic que no conocemos podemos intuir de qué género se trata, y si puede ser lo que estamos buscando para leer esa tarde. A todo esto hay que añadir que la cubierta es la primera impresión que se lleva cualquier posible editor sobre nuestro trabajo y profesionalidad. Pero no solo el editor, sino todas las personas que se acerquen a un estante y estén cotilleando los diferentes cómics que ven, podrán, si les llama la atención tu cómic, cogerlo entre sus manos y echarle un vistazo.

De ahí lo importantísimo que es escoger un buen título, un buen diseño, una buena ilustración; en resumen crear una completa, llamativa, original e inteligente portada donde el logotipo del cómic, del que hablaremos ahora, sea estudiado a fondo teniendo en cuenta el público al que quiere dirigirse.

Vamos a empezar por algo que seguro que ya has pensado, el nombre de tu cómic, y si es así, incluso quizá te hayas imaginado el diseño de ese nombre, o lo que es lo mismo, el logo que a partir de ahora representará textual y visualmente tu historia.

La portada será la presentación de tu proyecto y tienes que equilibrar todo lo que quieres mostrar para que nada de lo que ofreces quede solapado por otro elemento. Teniendo en cuenta que el cómic es totalmente visual, nada debe escapar a los ojos del espectador. Las superficies de dibujo deben ser variadas y con diferentes perspectivas.

La mayoría de los logos de los cómics famosos van cambiando con las corrientes estéticas de la época. Otros varían continuamente, como los de Spirit.

En la página siguiente podemos ver algunos ejemplos de sobra conocidos por todos. Astroboy nos señala tecnología, futuro. Superman robustez, fuerza, proyección. Sin City, rojo de sangre, violencia, y Spawn, con su calavera, ya intuimos que no es un cuento para niños.

Normalmente la ilustración de portada está mucho más trabajada que la del interior; incluso el autor puede ser distinto al ilustrador habitual. En ella podemos reflejar una escena crucial de nuestra historia, o una espectacular viñeta de acción, o una pose de alguno de los protagonistas, o de casi todos, como en Avengers, los poderosos vengadores con el Capitán América a la cabeza. Otras buscan la sencillez y claridad, y solo necesitan de su logo para vender, como la de Corto Maltés, o la de Calvin y Hobbes.

De cualquier forma, tenemos que intentar lograr un fuerte impacto visual, que se destaque entre las toneladas de papel multicolor que se venden en los quioscos. Vivimos en un mundo trepidante, hay poco tiempo para leer, y para ser los elegidos tenemos que controlar todos los detalles.

Las tipografías que utilizan algunos logotipos son creadas por el propio dibujante. Hay otros logotipos o títulos de cómics que utilizan una tipografía conocida y el logotipo es simplemente esa letra.

Sin City, rojo de sangre, violencia, letra cursiva, creando sensación de acción, movimiento. Dinamismo, fuerza.

En esta portada de 1998 de *Superman* vemos que el blanco y negro, con un toque de verde, es utilizado para llamar la atención sobre las demás portadas en color. El resultado es un trabajo sencillo, elegante y claro. Superman, robustez, fuerza, proyección.

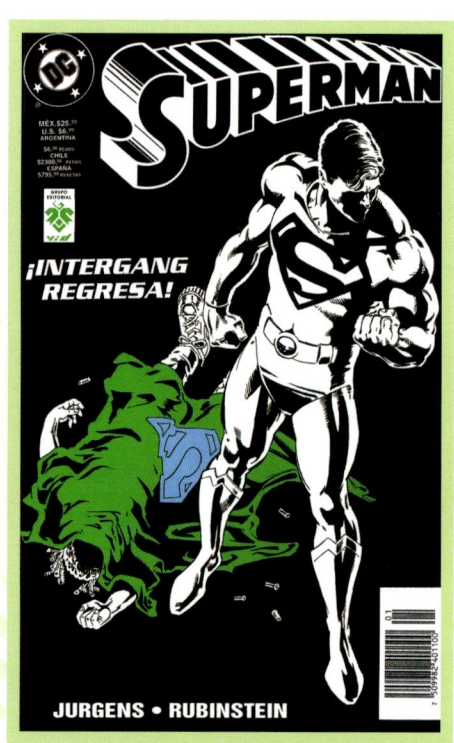

SPAWN

De *Spawn*, con su calavera, intuimos que no es un cuento para niños a pesar de que las letras que forman el logo son infantiles.

Las desordenadas, espontáneas y divertidas letras que forman el logo de *Calvin y Hobbes*.

Calvin y Hobbes

El impacto visual de *Avengers* consiste en que los personajes principales de la historia se sitúan frente al público en una posición un tanto provocadora. No se debe a su acción sino al efecto que causan todos ellos mirando frontalmente, como posando.

Intenta que el logo sea sencillo, fácil de entender de un solo vistazo, reconocible a cierta distancia y que nos indique, aunque sea sutilmente, qué es lo que vamos a encontrar dentro, auque en eso también influye el resto de los elementos de la portada.

Además del logo la portada suele ir acompañada de la ilustración. Esta puede ser una escena de la historia que se desarrolla en el interior o simplemente una ilustración que no pertenezca a ella, que solo represente una imagen que resuma lo que el cómic cuenta. Por ejemplo en este cómic de *El Jueves* donde sale Dios con una sonrisilla de oreja a oreja, el interior trata sobre tomaduras de pelo que Dios hace por tener el poder que tiene.

Además del logo y la ilustración, la portada llevará el logo de la editorial, el autor o autores, y el título y el número del capítulo. Y no te olvides del espacio en blanco para el código de barras, si lo vas a poner en la portada.

Esta es una divertida composición. Llama la atención el plano corto de Dios, la fuerza que tiene la expresión que han esbozado para la portada. Vibran un poco los colores que han escogido para el título pero valorando el conjunto tiene su gracia y armonía.

Esta portada de *Zits* refleja con la ilustración el carácter y tipo de persona que es el protagonista. Es una ilustración que está llena de información, y esta es su intención.

Este es un ejemplo de una portada elegida para una colección de ellas. Todos son libros del cómic de Tomás el gafe y cada portada viene en un color diferente y sale una imagen del protagonista distinta.

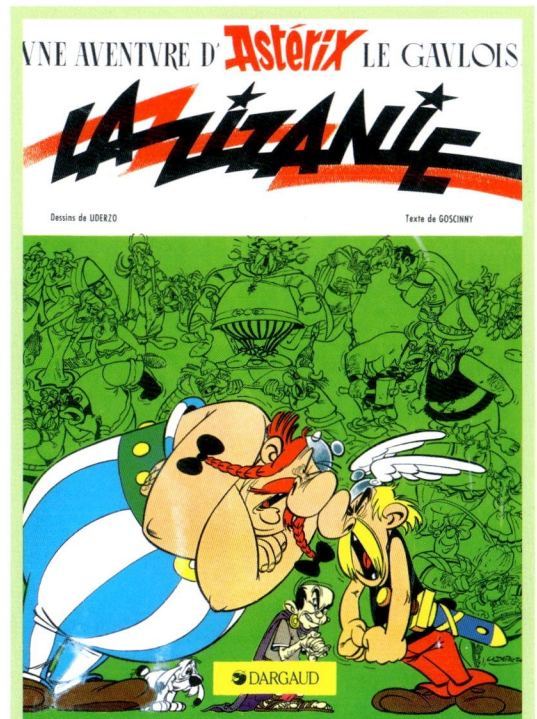

Este cómic de *Astérix y Obélix* nos vale de ejemplo para mostrar una escena de dos personajes protagonistas como recurso para la portada.

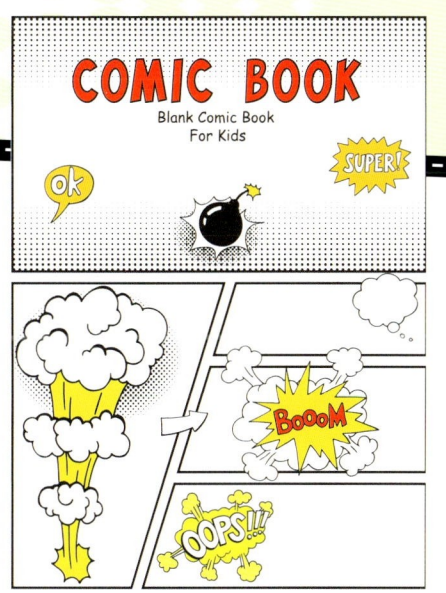

Si tienes en mente una portada, ya visualizada, sólo tienes que encontrar la forma de llevarla a cabo. Una vez imaginado, todo se puede dibujar, lo importante es que el resultado final sea coherente.